書山有路勤為徑
學海無崖苦作舟

文經閣

書山有路勤為徑
學海無崖苦作舟

文經閣

莊子的人生64個感悟

秦漢唐◎著

莊子是中國人的寵兒，原因在於莊子的思想和智慧符合中國人淡然、自然的本性，更貼合中國人內心深處隱微的部分。

莊子的學說在儒家的規矩嚴整與佛家的禁欲嚴峻之間，給中國人提供了一塊可以自由呼吸的空間，它是率性的，是順應自然的，而反對人為的束縛的，它在保全自由「生命」的過程中，竭盡了最大的心力。

前言

莊子是中國人的寵兒，在中國喜歡莊子的人超過喜歡孔子的人，追究其根本，原因就在於莊子的思想和智慧更符合中國人淡然、自然的本性，更貼合中國人內心深處隱微的部分。

莊子的學說在儒家的規矩嚴整與佛家的禁欲嚴峻之間，給中國人提供了一塊可以自由呼吸的空間，它是率性的，是順應自然的，而反對人為的束縛的，它在保全自由「生命」的過程中，竭盡了最大的心力。儘管莊子的思想被後世歸入了老子的體系，但是千百年來，仍然無法掩蓋他閃爍著其獨特、博大的光芒。

當前世界性的「莊子熱」，其勢洶湧澎湃。韓國最近幾年高考論文題目中，出現頻率最高的古典名著是中國的《莊子》，其次是《論語》，這不是出於偶然，而是莊子文化魅力的真實再現。

莊子的思想追求一種絕對自由，是不依賴外界任何事物的絕對自由。莊子力求做到超脫形體，淡泊金錢，進而達到「利」的超脫，「名」的超脫，乃至「死」的超脫。「至人無己，神人無功，聖人無名」。正因為世道污濁，所以他才退隱，與世無爭。正因為人生有太多約束，所以他才強調逍遙。

莊子把生死看作猶如春夏秋冬的轉換，純屬自然，不知悅生，不知惡死，甚至認為死是擺脫了世俗煩惱而「反其真」。莊子主張「無我」、「無物」，也就是忘掉一切外物，連自己的形骸也忘掉。忘掉自我，與外物融為一體，當然也不會受外物所拘滯。莊子認為能達到這樣的境界，才算逍遙遊。

莊子主張養生，做到無過無不及，注重於善與惡之間，使自己的精力和身體不受損害。為人處世，不把名利放在眼裡，無所作為且做到不留痕跡，讓人挑剔不出毛病來。與世無爭，不用技巧，不用權謀。

莊子主張修身養性、清靜無為，重視內在德性的修養，生命自然流注出一種自足的精神的力量。

莊子在談笑間把人世間的絕頂智慧一一點破。

閱讀莊子會把我們的心靈逐漸騰空，把我們心中的各種雜念排除，讓我們的心底真正能夠有所秉持，無論何時都堅守內心的淡然和清明，隨遇而安，不與世爭。最後，獲得一個圓融的，合乎道的，合乎天地自然的，自己的生命境界。

莊子對後世的影響，不僅表現在他獨特的哲學思想上，而且還表現在文學上。他的政治主張、哲學思想不是乾巴巴的說教，相反，都是透過一個個生動形象、幽默機智的寓言故事，透過汪洋恣肆、儀態萬方的語言文字，巧妙活潑、引人入勝地表達出來，全書彷彿是一部寓言故事集，這些寓言表現出超常的想像力，構成了奇特的形象，具有石破天驚、振聾發聵的藝術感染力。

可以說，他的文字滋養了中國文化，許多後世的文學大家都對他推崇備至。蘇東坡說，想寫好大文章，背熟三本書就可以了：一本是《孟子》，一本是司馬遷的《史記》，還有一本就是《莊子》了。金聖歎評六才子書，第一個就是《南華經》即《莊子》。

聞一多閱讀《莊子》以後，特別崇拜莊子。他說：「讀《莊子》的人定會為那思想的奇警而驚異，可當你在那躊躇時，忽然，又發覺一件事，你問那精微奧妙的思想何以竟有那樣湊巧的、曲達圓妙的辭句來表現它，你更驚異；再定神一看，又不知道哪是思想哪是文字了，也許什麼也不是，而是經過化合作用的第三種東西，於是你尤其驚異。這應接不暇的驚異，便使你加倍的愉快，樂不可支。這境界，無論如何，在莊子以前，絕對找不到，以後，遇著的機會確實也不多。」

今天，我們再講莊子，究其原因，因為莊子的智慧是人類大智大慧的結晶，這樣的智慧是沒有時間界限的，它仍然可以指導我們的現代人生，幫助我們破解許多人生的迷霧，而我們得其一，就可受用一生。

・目錄・

1. 並非一無所用，而是藏拙不為別人所用

【原文】

此果不材之木也，以至於此其大也。

——《莊子．人間世》

【譯文】

這果真是什麼用處也沒有的樹木，以至於長到這麼高大。

【人生感悟】

人們讀莊子這段話都以為莊子告訴我們要做「無用之才」，因為「無用之才」會自由自在地生活成長，沒有別人的非議和加害。

但究其實，無用之才之所以長久，並非是它對自己一無所用，是因為別人無法利用它，不關注它，所以它可以無憂無慮地生活。

關於這句話，《莊子．人間世》中有一個小故事：

楚莊王的異母弟弟，名叫子綦，因住城南，所以，大家都叫他南郭子綦。南郭子綦一天到河南商丘遊玩，在那兒看到一棵很特別的樹，那棵樹十分高大。

子綦說：「這是什麼樹呀，肯定有特殊的用途啊。」

南郭子綦抬頭再細看大樹，又覺得有些奇怪。那樹的細枝，原來都是彎彎曲曲的，絕對不能作棟樑。那樹的主幹，木質鬆泡，也不能做傢俱。舔一下它的樹葉，口腔就會感染潰爛；聞聞它的氣味，就叫人像發酒瘋似的稀里糊塗，好幾天不能醒過來。南郭子綦說：「這是不成材的樹木，才長得這麼高大。唉，精神世界完全超脫物外的『神人』，就像這不成材的樹木呢！」

「不材之木」，是真的無才嗎？其實，這恰恰是一種最聰明的處世智慧。「不材之木」，表面無才，其實是不外露，以免遭受不測。

試想：如果「不材之木」真是「一無所用」，既不會深植土壤汲取養分，也不會伸枝展葉接受陽光的照耀，那麼不但不會有高大的身軀，恐怕連生存都成問題了。

人也是一樣，如果一點才能都沒有，那麼怎麼在競爭激烈的社會上生存，最主要的是要學會隱藏才能，讓人感覺不到障礙和威脅，好像「一無所用」罷了。

中國舊時的店鋪裡，在店面是不陳列貴重貨物的，店主總是把它們收藏起來。只有遇到有錢又識貨的人，才告訴他們好東西在裡面。倘若隨便將上等商品擺放在明面上，豈有賊不惦記之理。不僅是商品，人的才能也是如此。古語說「滿招損，謙受益」，才華出眾而又喜歡自我炫耀的人，必然會招致別人的反感，吃大虧而不自知。所以，無論才能有多高，都要善於隱匿，即表面上看似沒有，實則充滿。

這也正符合了《莊子》中提出的「意怠」哲學。「意怠」是一種很會鼓動翅膀的鳥，別的方面毫無出眾之處。別的鳥飛，牠也跟著飛；別的鳥傍晚歸巢，牠也跟著歸巢。隊伍前進時牠從不爭先，後退時也從不落後。吃東西時不搶食、不脫隊，因此很少受到威脅。

表面看來，這種生存方式顯得有些保守，但是仔細想想，這樣做也許是最可取的。凡事預先留條退路，不過分炫耀自己的才能，這種人才不會犯大錯。這是在現代高度競爭的社會裡，看似平庸，但是卻能按自己的方式生存的一種方式。

2.無知和無所不知

【原文】

吾生也有涯，而知也無涯。以有涯隨無涯，殆已；已而為知者，殆而已矣！

——《莊子．養生主》

【譯文】

人的生命是有限的，而知識是無窮的，以有限的生命去追求無窮的知識，就會搞得精疲力竭，既然如此，還去追求知識的人，就只能弄得疲困了。

【人生感悟】

從小就學莊子的一句話：「吾生也有涯，而知也無涯。」老師也總是教導我們：「人的生命是有限的，而知識是無限的。所以你們一定要好好讀書。」那時候以為莊子在勉勵大家「學海無涯苦作舟」。但莊子接著又說了：「以有涯隨無涯，殆已。」意思是說以有限的生命去追求無窮的知識，就會搞得精疲力竭。

很多人年輕的時候，總是用前半句來激勵自己，讓自己在茫茫的知識海洋中奮力划行而不知畏懼，平添一股蠻勁。慢慢才悟出，原來這真理還在後半句。看來，莊子在勉勵好好讀書的同時，隱含了另外的深意。

「吾生也有涯，而知也無涯。」所以，我們要多讀書。但誰能夠把世界上的學問都研究透呢？沒有！所以莊子警告我們：「以有涯隨無涯」那樣做危險呀。

要想把所有的知識都學到手，累死也不可能，所以，學習上該有所選擇，有所側重，不能什麼都想學，太貪婪往往讓自己得不償失。知識無窮，智慧無窮，財富無窮。不能苛求自己窮其所有，要學會合理地安排自己的人生之路。如果什麼都想學，什麼都想要，就會使自己的才智過早地耗盡，當你需要發力的時候，自己卻沒有力氣了，那樣就會連自己健康的身體都保不住，更不要說成功了。

孔子說：「學如不及，猶恐失之。」恨不得把全天下的知識全部收歸囊中，這一點孔子就不如莊子明智了。莊子明白了知識的無限性，能夠抓主要矛盾，教大家在學習上不要「苦作舟」，而要在快樂中學，該學的學，不該學的不學，因為知識是永遠也學不完的。

此外，既然知道「以有涯隨無涯，殆已」，那麼就要保持謙虛的態度和對知識的敬畏，任何時候都不要「無所不知」的樣子，因為「無所不知」正是無知的表現。

在這方面很多前輩給我們作出了典範。

在一次國際數學家大會上，有記者問大會名譽主席、*92*歲的陳省身教授：「您對大會第一天田剛教授的報告有何評價？」田剛教授是中國青年一代數學家中的佼佼者，是第一位在國際數學家大會上作一小時報告的中國數學家。陳老親臨會場為田剛「加油助威」，坐在輪椅上聽完了報告。眾記者期待著從陳老嘴裡說出「非常精彩」一類的讚揚之語，為自己的報導下「標題」。沒想到，面對數十位記者和攝影機鏡頭，陳老卻毫不猶豫地朗聲答道：「我沒聽懂。」

陳老的回答有些「煞風景」，也讓記者們大跌眼鏡——面對著一群對數學一知半解的「門外漢」，對一個本可以輕鬆「應付」過去的話題，這位國際知名的數學大師竟然老老實實地承認自己「沒聽懂」！陳老學術上的成就世所公認，其在整體微分幾何方面的卓越成就無人可以否認，但是這位智者依然在公眾面前坦誠自己的「無知」。

世界著名美籍華裔物理學家丁肇中先生，*40*歲便獲得了諾貝爾物理學獎。瞭解他的人都知道：在接受採訪或提問時，無論是本學科問題還是外學科問題，也無論提問者是業內人士還是業外人士，丁肇中最常給出的回答竟是三個字——「不知道」。

*2004*年*11*月*7*日，丁肇中給南航師生作報告，有學生問：「您覺得人類在太空能找到暗物質和反物質嗎？」他回答：「不知道。」

又有學生問：「您覺得您從事的科學實驗有什麼經濟價值嗎？」

他又回答：「不知道。」

有學生又問：「您能不能談談物理學未來*20*年的發展方向？」

他仍然回答：「不知道。」

據當事者觀察，丁肇中教授回答「不知道」時，態度誠懇，絕非故弄玄虛或「賣關子」。這位科學家曾解釋說：「不知道的事情絕對不要去主觀推斷，而最尖端的科學很難靠判斷來確定是怎麼回事。」「拿諾貝爾獎，只是對很小的特殊領域有貢獻，一個人不可能因為拿了諾貝爾獎，就把自己當成了什麼都懂的『萬能專家』，對任何事情都可以評價，我可沒這麼大的能耐。」

兩千多年前莊子說：「吾生也有涯，而知也無涯。以有涯隨無涯，殆已；已而為知者，殆而已矣！」在今天，其對那些高高在上「無所不知」的人們的警示意義更大。

3. 看的遠還要看的清

【原文】

天之蒼蒼，其正色邪？其遠而無所至極邪？其視下也，亦若是則已矣。

——《莊子．逍遙遊》

【譯文】

天空中那種青蒼蒼的樣子，難道是它的真正的顏色嗎？還是因為我們距離它太遠而不能窮究它的本來面目呢？大鵬飛到九萬里的高空再看下面，也會和我們從下往上看一樣失去了事物的本原。

【人生感悟】

莊子的言論和思想有很多是帶有濃厚的辯證色彩的。看天，人的定點在地上；看地，鵬的定點在天上。互為定點的兩個觀察者，所觀察到的結果是一樣的，那就是都無法看透對方所在的背景。莊子是一個謙卑的不可知論者。他的結論是：天地很大，我們根本就不可能知其所以然；當我們自以為明白一點道理就以為很了不起時，還有一個相對於我們的觀察者在另外一個方向上，在更高的位置，看到了更廣闊的世界。當然，他的視野與真理還是相距甚遠。所以，永遠不要以為自己什麼都知道了。

這就正如我們平時所說的：山外有山，人外有人。聽起來是再簡單不過的道理，但總有一些人把自己圈定在有限的範圍內，坐井觀天。比如，一個一輩子研究蒲松齡的人，認為《聊齋志異》是天下最偉大的一部著作——可惜還不被時人所瞭解；一個老中醫，在他看來，中醫都是「治根」的，是「釜底抽薪」，而西醫都是「治表」的，是「揚湯止沸」；任課老師都要講「緒論」，在「緒論」中，該任課老師大都要把自己開的課程說成是「最重要的」。

這種現象，用禪理解釋最為妥切。古時禪師說禪：「一個人覺得『山即山，水即水』，但等他有所醒悟，他就會覺得『山非山，水非水』，待他終於徹底大悟，他又會覺得『山即山，水即水』。」但這時，他的境界已經不同以往。這時的山依舊是山，但已不復為以往之山；這時的水依然是水，但已不復為以往之水。如果一個人總是停留在第一個境界，那就是短視，也就是莊子所說的「天之蒼蒼」；如果進入第二層境界，那離真理的距離又近了一步，也就讓莊子產生「其遠而無所至極邪」的懷疑。如果達到第三層境界，就接近真理了。

生活中也是這樣，很多時候我們只是達到了第一層境界，卻以為自己什麼都知道了。這就是短視。比如一些國家的選舉，實際上有時民眾對參選者瞭解得並不是很多，但是卻把票投給了媒體肯定和大多數人呼聲最高的候選人。

而「短視」與「自大」往往是一對兄弟。自大是什麼？就是以為自己很了不起，總是戴著有色眼鏡，以偏概全，固執己見，以絕對的、片面的眼光看問題。為什麼這樣呢？因為他視野狹隘，看不到別人的長處，看不到還有更多更有本事的人在其左右。而真正有本事的人往往潛伏在暗處，靜觀其變，總是從長遠的角度思考問題，而不計較一時的得失。

所以有人說：「世界上最貧窮的人並非是身無分文的人，而是沒有遠見的人。」只有看到別人看不見的事物，才能做到別人做不到的事情。

有遠見的人心中裝著整個世界；相反，沒有遠見的人只看到眼前的、摸得著的手邊的東西，他們急功近利，只看到眼前的一點小小的好處，殺雞取卵，結果不僅將原先得到的一點好處喪失掉，就是老本也未必能撈回來。

還有個故事，說的是一個窮人，很窮。一個富人見他可憐，就起了善心，想幫他致富。富人送給他一頭牛，囑咐他好好開荒，等春天來了撒上種子，秋天就可以遠離那個「窮」字了。

窮人滿懷希望開始奮鬥。可是沒過幾天，牛要吃草，人要吃飯，日子比過去還難。窮人就想，不如把牛賣了，買幾隻羊，先殺一隻吃，剩下的還可以生小羊，長大了拿去賣，可以賺更多的錢。

窮人的計畫如願以償，只是吃了一隻羊之後，小羊遲遲沒有生下來，日子又艱難了，忍不住又吃了一隻。窮人想，這樣下去不得了，不如把羊賣了，買成雞，雞生蛋的速度要快一些，雞蛋立刻可以賺錢，日子立刻可以好轉。

窮人的計畫又如願以償了，但是日子並沒有改變，又艱難了，又忍不住殺雞。終於殺到只剩一隻雞時，窮人的理想徹底崩潰。他想，致富是無望了，還不如把雞賣了，打一壺酒，三杯下肚，萬事不愁。

很快春天來了，發善心的富人興致勃勃地送來種子，赫然發現窮人正就著鹹菜喝酒，牛早就沒有了，房子裡依然一貧如洗。

富人轉身走了。窮人當然一直窮著。

所以，在為人處世的過程中，我們要盡量看得全面些，長遠些。識時務的人善於擇勢而為，因而能在社會中遊刃有餘。無論是從政、經商，還是在家庭生活中，都是如此。

再比如，在商業活動中，有這樣一句話，叫做「庸者賺今天，智者賺明天」。也就是說如果希望有大的發展，一定要有高瞻遠矚的眼光，不能只盯著眼前的蠅頭小利。清朝商人胡雪巖有這樣一個信條：「如果你擁有一縣的眼光，那麼你可以做一縣的生意；如果你擁有一省的眼光，那麼你可以做一省的生意；如果你擁有天下的眼光，那麼你可以做天下的生意。」眼界準，就能把握機遇，在經營中不走或少走彎路；眼界寬，就能在紛繁複雜的市場經濟大潮中以小見大，看得全面透徹；眼界高，就會追求無止境，事業更輝煌。

人生如同下棋一樣，平庸之輩往往只能看到眼前一兩步，而高明的棋手則能看出後五、六步甚至更多。能遇事處處留心，比別人看得更遠、更準，這樣的人才能戰無不勝，決勝千里。

4.小聰明與大智慧

【原文】

小知不及大知，小年不及大年。

——《莊子．逍遙遊》

【譯文】

小聰明趕不上大智慧，壽命短比不上壽命長。

【人生感悟】

莊周以「道」為宇宙的根本，認為道存在於一切事物之中，是萬物存在、變化的根本和依據。他提出萬物一體的思想，認為宇宙萬物都是一氣之化，雖千姿百態各不相同，卻又同是氣聚所成，同為一體。從此出發，他認為大小、壽夭、生死、是非等等的差別都是相對的。

正如大智慧和小聰明，沒有小聰明，無法顯示出大智慧；同樣的，沒有大智慧，也就沒有小聰明。從這個意義上說，大智慧和小聰明是統一的，都歸於人的智力表現。但是，人們在生活中利用自己的智力的時候，是選擇大智慧還是選擇小聰明呢？莊子說：「小聰明趕不上大智慧。」從這個意義上說，大智慧和小聰明又是對立的。

有一篇文章，題目叫做《中國人的小聰明與大愚蠢》。文章說：「中國人的聰明似乎不容質疑。但是我們至少可以問一問，中國人是否在任何一方面都聰明，還是只是在一些領域聰明，在另一些領域不那麼聰明。或者在一些領域有無數的小聰明，而不具大智慧。如果中國人在每一方面都聰明絕頂，大智大覺的話，為什麼中國人在近代長期被動、挨打，為什麼長期跳不出充滿暴力和血腥的治亂循環的怪圈？從上述問題看，中國人在聰明的同時一定還在另一些地方不夠聰明，缺乏大智慧，甚至是十分糊塗。」

聰明人不一定有大智慧，而大智慧的人不一定有小聰明，所謂大智若愚。小聰明是表現欲，大智慧是生命的本態，是根本智、自然智、無師智，是永恆的真正自我。

在人性的叢林裡走動，大智慧總比小聰明好。誰是我們的朋友？誰是我們的對手？可以依靠誰，不可以依靠誰？應該怎麼去戰勝對方？應該怎麼去上台階？對於這些問題，我們必須清醒，不能耍小聰明。自以為聰明的人往往不得善終，而真正大智大慧的人，表面上都似乎有點「愚」，但他們卻笑傲人生，「才」不外露。

在這個世界上，成就事業的是聰明人，在事業中起破壞作用的也是聰明人。比如，在處理與上司的關係時，我們時常在無意中因抓住對方的缺點或錯誤而沒加遮攔地加以指出，而這樣做，往往極大地傷害了對方精心為自己構造的優越感。又或者，我們時常在無意中抓住一個顯示自己聰明的地方，便迫不及待地希望對方能注意到自己的智慧，而這無疑使他的優越感受到極大的損傷。而事實上，我們的「無意」也並非真正的無意，而是我們習慣了「有意」之後從而對「有意」產生的一種淡漠的感覺。這種「無意」往往就是最為深刻的「有意」。

同為聰明人，為何結局不同呢？蓋因聰明有大小之分，有小聰明和大智慧之分。何為小聰明？小聰明者是以自我為中心看問題，他們表現得聰明伶俐，會說話會辦事，伶牙俐齒，機靈敏捷，善於偽裝，有種隨風而動的輕巧，有種趨炎附勢的靈動，有種你能千變萬化、我能隨機應變的聰慧。小聰明是近觀，小聰明是裝飾，這種聰明是表面上的，是很容易被別人覺察到的。

何為大智慧？大智慧者以環境為中心看問題，他們表現得山水不露，穩重大方，拙中藏巧，大智若愚，運籌帷幄，高屋建瓴，有種水滴石穿的堅韌，有種任你有千變萬化、我早已將你看穿的沉穩。大智慧就像一部哲學著作，初讀時不一定得到人們的喜歡，可是你要是能讀下去的話，你會變得深厚，也會終生受益。

如果我們具體分析大智慧和小聰明，主要應有下列的不同：

（*1*）凡大智慧者必懂低調為人，而小聰明人只會顯擺炫耀。有小聰明的人看到比自己聰明的人心裡會有一種緊張感，遇見沒自己聰明的人會表現得不屑一顧，遇見大聰明的人就只有望而興嘆了；有大智慧的人看到比自己聰明的人心裡會有一種欽佩感。

（*2*）凡大智慧者必包容，而小聰明人多計較。小聰明的人對人性有一定瞭解，因此他們從內心認同的人不是很多。但他們不會把對很多人的不屑一顧表現出來；有大智慧的人對人性一定很瞭解，因此他們能夠十分包容地看待一切，他們將宇宙裝在自己的胸膛裡面。

（3）凡大智慧者必理性，而小聰明人多感性。小聰明對於每一個人來說，只是多和少的問題；而大智慧對於每一個人，則是有和無的問題。

（4）凡大智慧者必高瞻遠矚，而小聰明人只考慮眼前利益。大智慧所統轄的是超越感知的宏觀，所謂的大象無形，因而當這個智慧剛剛出現的時候，絕大多數人只感覺到這個智慧的平淡無奇，直到智慧靈光顯現的一刻才能引起人們的驚嘆；小聰明在細而不在全，在某一方面有出人之智，其他方面可能不行，所以小聰明時而會翻船。

（5）凡大智慧者必有大局觀，而小聰明人只考慮小圈子。小聰明的人由於過於注重細節，所以常常不滿足，會怨天尤人，並且苦惱特別多。大智慧的人由於注重大局，所以只要大局還行，他們就感到滿意，所以他們過得更幸福，更何況大智慧往往與大能力結合在一起，他們能實現大發展，從而帶來更大的幸福。

（6）凡大智慧者必懂春播種秋收糧，而小聰明人只會即種即收。大智慧者，高屋建瓴，審時度勢，縱橫捭闔，無往不利。小聰明者，見樹木而忘森林，眼中有石塊而無疊巒群山；唧唧於一隅之得而失天下，沾沾於蠅頭小利而忘全局。終究不過是撿得芝麻來，丟得西瓜去。或許遇小河知趟水而過，遇波濤之川，唯望洋興嘆矣。

（7）凡大智慧者必知做正確的事，而小聰明人只會正確地做事。

（8）凡大智慧者必懂吃虧是福，而小聰明人只會抓小放大。

（9）小聰明的人善於攀比，大智慧的人善於平衡。

小聰明是世俗哲學中的隨波逐流，容易被小聰明所誤，容易把春光看作秋風，會用自造的淒涼來折磨自己；大智慧是老子哲學中的以柔克剛，仰觀滿天星斗，俯瞰人間煙火，淡泊明志，寧靜致遠，高山挺拔，草木景仰，大海遼闊，江河來歸。

人生需要的是大智慧，而最忌諱的則是小聰明。小聰明本身就具有一種塗抹不掉的悲劇色彩，小聰明總有個性的弱點，個性的弱點總會造就人生的局限，所以大智者的人生常常很成功，小聰明的人可能造就支離破碎的人生。

小聰明一旦與功名利祿有所沾黏，人生的悲劇就上演了。

清朝的和珅是個絕頂聰明的人物，但他的一生都是在耍小聰明中度過的，他的整個一生都在貪婪斂財，從而成為超級貪官，害國害民，不得善終，令人扼腕！小人物被小聰明所誤，容易變得張狂，自己不認識自己，走路辨不出南北西東，做事不知道天高地厚，他會變成民間約定俗成意義上的那種小人，小人的一生是可憐的。

其實，聰明是一筆財富，關鍵在於怎麼使用：財富可以使人過得很好，也可能使人毀掉。真正聰明的人會使用自己的聰明，那主要是深藏不露，或者不到刀刃上、不到火候時不會輕易使用。要小聰明往往是招災引禍的根源。無論做什麼事，都不能耍小聰明。而且再秘密的事，也還有透風的牆，人家一旦知道了，也就「夫人」賠了「兵」也折了。一個時時處處事事顯露精明的人，不會取得別人的信任、同情、愛護和栽培，因此不會取得真正的、偉大的成功。

若是運用大智慧，便能造福蒼生，澤被後世。大人物運用大智慧就能眼明耳聰：笑看雲翻雨覆，諦聽曠野喧囂！真個是「不畏浮雲遮望眼，只緣身在最高層」。小人物運用大智慧，一生受益無窮。大智慧像陽光，即使沒有縫隙，陽光也能照亮心窩。幽蘭吐馥，金菊傲挺，翠竹抱虛，寒梅爭妍，無一不是大智慧。

世界上有大人物也有小人物，大人物有大人物的活法，小人物有小人物的活法，誰也勉強不了誰，但誰都得遭遇小聰明與大智慧。唯有大智慧才有大境界，才有大美麗，才有大成就。

5. 人生重要的是快樂，而不是名利

【原文】

至人無己，神人無功，聖人無名。

——《莊子．逍遙遊》

【譯文】

道德修養高尚的「至人」能夠達到忘我的境界；精神世界完全超脫物外的「神人」心目中沒有功名和利祿；思想修養臻於完美的「聖人」從不去追求名譽和地位。

【人生感悟】

逍遙也寫作消搖，意思是優遊自得的樣子；「逍遙遊」就是沒有任何束縛地、自由自在地活動。莊子從對比許多不能「逍遙」的例子說明，要真正達到自由自在的境界，必須「無己」、「無功」、「無名」。

「無己」，「無我」，也就是忘掉一切外物，連自己的形骸也忘掉。莊子認為能達到這樣的境

界，才算逍遙遊。「無功」，不追求功。「無名」，不追求名。「無己」是擺脫各種束縛和依憑的唯一途徑，只要真正做到忘掉自己、忘掉一切，就能達到逍遙的境界，也只有「無己」的人才是精神境界最高的人。

一個人一旦達到「無己」的境界，實際上是把自己作為自然界的一個分子了。與整個宇宙比較起來，人是那樣的渺小，那樣的微不足道。認識到這一點，人世間的紛爭、貪欲、利欲、色欲，人們也就不會去斤斤計較了。

這個塵世上，不知有多少人在追求名利和金錢，以至於忘記了內心的快樂。其實，人是沒必要活得這麼累的。人生難得是舒心啊！名和利，什麼都想要，最後可能什麼也得不到，反而一輩子將自身置於忙忙碌碌、勾心鬥角之中。這樣活著，未免太累！《論語．雍也》裡說顏回「一簞食，一瓢飲，在陋巷，人不堪其憂，回也不改其樂」。如果少一些欲望，是不是也會少一些痛苦呢？

當官為民，有錢沒錢，其實都一樣可以活得有滋有味，各有各的活法兒。一切都隨時空的轉移、個人的條件為依據。

功名利祿不必刻意去追求，官大五品，腹中空空，也是虛有官祿。「芝麻綠豆」一個，身懷絕技，照樣譽滿全球，悠哉快哉！但是，人的「追求」永無止境。功名利祿到手了，「七品」的還想鬧個「六品」，有了「六品」想「五品」，有了「五品」又眼饞「三品」。於是就得巴結，拚命地巴結，只在「品」級上巴結，結果「人品」是巴結一級少一品，到頭來累得精疲力竭。仔細品味品味，竟不知道人生是個啥滋味，一輩子不曾享受過真人生，壓根兒也不懂得真人生，「活得真累」！

假如在功名利祿之上，持「難得糊塗」的糊塗主義，一切順其自然，認認真真地做事，老老實實地做人，得則得，不能得不爭；當得沒得，不急不惱，不該得，得了，也不要，這才叫聰明人，活得輕鬆，悟得透徹。

莊子的人生哲學實際上是一種逍遙哲學。莊子認為，人應該是自由的，有些人之所以感覺不自由，一方面是由於受到外界物質條件的束縛，另一方面是由於受到自身形骸與觀念的束縛，也就是由「有待」和「有己」造成的。「有待」就是有依賴和依靠，要憑藉外力；「有己」就是有私心和看重自己。所謂「至人無己，神人無功，聖人無名」就是要讓真正的自我從功名利祿、是非善惡乃至從自己的形骸和觀念的限制中解脫出來，達到與天地精神獨往來的境界，以獲得精神上的絕對自由。

《秋水》中記載著莊子這樣一個故事：

莊子在濮水邊垂釣，楚王派遣兩位大臣先行前往致意，說：「楚王願將國內政事委託給你而勞累你了。」

莊子手把釣竿，頭也不回地說：「我聽說楚國有一神龜，已經死了三千年了，楚王用竹箱裝著它，用巾飾覆蓋著它，珍藏在宗廟裡。這隻神龜，是寧願死去為了留下骨骸而顯示尊貴呢，還是寧願活著在泥水裡拖著尾巴呢？」

兩位大臣說：「寧願拖著尾巴活在泥水裡。」

莊子說：「你們走吧！我仍將拖著尾巴生活在泥水裡。」

另外《說劍》中記載了這樣一句話：「太子乃使人以千金奉莊子。莊子弗受。」意思是說：太子於是派人攜帶千金厚禮贈送給莊子。莊子不接受。

可見，莊子本人就是一個不為名利所束縛的人。

如果我們為名利所左右，為名利的不能滿足而受煎熬，那麼人生還有什麼滋味？人如果能看開一切，不計名利，就會生活得開心很多。得之我幸，失之我命，就能達到莊子心目中的「逍遙」境界：內心沒有貴賤尊卑的隔閡，沒有仁義禮樂的束縛，沒有功名利祿的爭逐，過上無憂無慮、安閒自在的生活，身心獲得完全的自由。

6.好好把握現在

【原文】

有始也者，有未始有始也者，有未始有夫未始有始也者；有有也者，有無也者，有未始有無也者，有未始有夫未始有無也者。

——《莊子．齊物論》

【譯文】

宇宙之初有過這樣那樣的「有」，但也有個「無」，還有個未曾有過的「有」，同樣也有個未曾有過的未曾有過的「無」。突然間生出了「有」和「無」，卻不知道「有」與「無」誰是真正的「有」，誰是真正的「無」。

【人生感悟】

莊子認為，萬物的異同、所謂始、所謂有無，都是相對的。在「有」和「無」的混沌、懵懂之間，我們能夠理解和把握的就是現在。

有一位教授，中年喪妻。這突如其來的變故，實在叫人難以接受，但是死亡的到來不總是如此嗎？

教授說他太太最希望他能送鮮花給她，但是他工作很忙，又成天泡在實驗室裡，又覺得花那麼多錢買花實在是浪費，總推說等到下次再買，結果卻是在她死後，用鮮花佈置她的靈堂。

也許，你會說：「這不是太愚蠢了嗎？」但這是事實，是在我們的生活中廣泛存在的事實。

我們再看下面一組對話：

如果有人問：「人的時間無限，長生不老，所以最想做的事，應該無限延期？」

你的回答一定是：「不，傻瓜才會這樣認為。」

然而我們卻常說：

「等到我大學畢業以後，我就會如何如何。」

「等到我買房子以後，我就可以……」

「等到我最小的孩子結婚之後，我就可以……」

「等我把這筆生意談成之後，我就可以……」

「等到我退休之後，我就可以……」

「等到我老了以後，我就可以……」

等到……等到……似乎我們所有的生命，都用在等待。

我們都以為自己有無限的時間與精力。其實我們可以一步一步實現理想，不必在等待中徒耗生命。如果現在就能一步一步努力接近，我們就不會活了半生，卻出現自己最不想看到的結局。

所以，做人，要把握現在，珍惜現在的擁有。

但是，太多的人不明白這個道理。人人都很願意犧牲當下，去換取未知的等待；犧牲今生今世的辛苦錢，去購買來世的安逸。只要往有山的道路上走一走，就隨處都可看到「農舍」變「精舍」，山坡地變靈骨塔，無非也是為了等到死後，能圖個保障，不必再受苦。許多人認為必須等到把某些重要的事情完成之後再採取行動。

但是，天不隨人願，誰知道哪片雲彩會下雨呢？生活總是一直變動，環境總是不可預知，在現實生活中，各種突發狀況總是層出不窮。

例如，一些人早上醒來時，原本預期過的是另一個平凡無奇的日子，沒想到一件意料之外的事發生了。剎那間生命的巨輪傾覆離軌，突然闖進一片黑暗之中。那麼，我們所有美好的願望都會隨之灰飛煙滅。

所以，我們毋須等到生活完美無瑕，也毋須等到一切都平穩，想做什麼，現在就可以開始。

如果你想外出旅遊，現在就擬定線路，明天就出發，不必等到自己已經很富足，或者退休，或者沒有工作壓力的時候，儘管背上行囊，享受大自然賜予的美妙感受吧。

如果你的妻子想要紅玫瑰，現在就買來送她，不要等到下次。真誠、坦率地告訴她：「我愛妳！」這樣的愛語永不嫌多。如果說不出口，就寫張紙條壓在餐桌上：「妳真棒！」或是：「我的生命因妳而豐富。」不要吝於表達，要好好把握。

如果你打算孝順父母，現在就開始行動。常聽人說，等有了錢要給父母買這個買那個，如何如何，言辭懇切，十分動人。但古語說：「子欲養而親不待。」等你有了錢的時候，父母也許不一定能夠享用。古人講及時行樂，唐代詩人李白有詩云：「人生得意須盡歡」（《將進酒》）。其實孝敬老人家也需要及時而行，不要等，不可等。如果孝敬父母只知道一味地等有了什麼以後，那麼一切都晚了。

生老病死誰都不能避免，許多人經常在生命即將結束時，才發現自己還有很多事沒有做，有許多話來不及說，這實在是人生最大的遺憾。逝者不可追，來者猶未卜，最珍貴、最需要適時掌握「當下」，往往在這兩者蹉跎間，轉眼錯失。

有許多事，在你還不懂得珍惜之前已成舊事。

有許多人，在你還來不及用心之前已成舊人。

美麗的風景不要錯過，把握現在，珍惜眼前的擁有。

有這樣一個故事很能給我們啟示。

幾個年輕人一起去山裡玩，歷盡坎坷艱辛，忽然來到一個壯觀美麗的瀑布前面，他們激動得歡呼雀躍。一個男孩忍不住對一個女孩說：「真想吻你一下？」

女孩說：「不行，我要把『初吻』留給今生娶我的人，我必須是完整的啊。」

另一個女孩看著這個男孩，男孩說：「你呢？」那個女孩就輕輕吻了他臉頰一下。

很多年過去了。這兩個女孩都成了老婦人，她們有一天相聚了。第一個女孩說起這件事，突然說她發現自己很傻，原來錯過了一件很浪漫的事，錯過了一個吻。另外一個女孩說：「你錯過的不是一個吻，也不是一段情，而是年輕時候一顆坦然真誠的心。」

有人說：人生最美好的年華就像流水，青春就似漏沙，不知不覺中就度過，度過了那些當時惘然、來日追憶的日子。

美麗的風景一再錯過，但過後再追悔「早知如何如何」是沒有用的，「那時候」已經過去，你追念的人也已成了身後的風景。不管你是否察覺，生命都一直在前進。人生不售來回票，失去的便永遠不再有。

事情的結果儘管重要，但是做事情的過程更加重要，因為結果好了我們會更加快樂，但過程使我們的生命充實。人的生命最後的結果一定是死亡，我們不能因此說我們的生命沒有意義。世界上很少有永恆。戀愛中的人們每天都在信誓旦旦地說我會愛你一輩子，這實際上是不真實的。最真實的說法是：「我今天，此時此刻正在真心地愛著你。」明天也許你會失戀，失戀後我們會體驗到失戀的痛苦。這種體驗也是豐富你生命的一個過程。

不要再等待有一天你「可以鬆口氣」，或是「麻煩都過去了」。生命中大部分的美好事物都是短暫易逝的，享受它們，品嘗它們，善待你周圍的每一個人，別把時間浪費在等待所有難題的「完滿結局」上。

珍惜已擁有的一切，珍惜現在的自己，珍惜現在愛你的人，珍惜現在你愛的人。建立珍惜的心態，你就會更加熱愛生命，心胸坦蕩，重視信譽，能夠包容。

美好的事物，其實是無時不在我們身邊的，只要我們細心地去感受，敏銳地去觀察，你會發現，原來，美好的事物與我們是那麼接近！如果你一個不小心，它們也許會從我們身邊偷偷地溜走。所以，我們應該在這些精靈還沒有溜走之前，好好地把握，好好地珍惜！

7. 隨潮流，識時務

【原文】

擎跽曲拳，人臣之禮也，人皆為之，吾敢不為邪？為人之所為者，人亦無疵焉，是之謂與人為徒。

——《莊子．人間世》

【譯文】

手拿朝笏（ㄏㄨˋ）躬身下拜，這是做臣子的禮節，別人都如此，我怎麼敢不如此呢？做大家都做的事，人們不會胡亂的挑妳的毛病，這就叫跟世人為同類。

【人生感悟】

不少人對「識時務」持有貶義心態。認為這是兩面派、狡猾者的代名詞。這裡，我們要澄清對識時務的認識。識即認識，時務即做事、行動的原則。識時務者之所以能成為俊傑，是因為他們能適應不同的環境，採用不同的生存方法與發展方式。

骨頭太硬的人和骨頭太軟的人都無法識時務。骨頭太硬的人，不懂得人生應伸屈自如，因此對於低處的機會視而不見；骨頭太軟的人，永遠也站不起來，根本沒有伸的時候，因此對於高處的機會也就可望而不可及了。

人世間的萬事萬物複雜多變，從求得生存的觀點來看，識時務有兩種用意。

第一種是防患於未然，並且捷足先登。也就是說，你必須時時注意環境的變化，並搜集別人的看法，研究判斷未來可能的發展趨勢，這樣便可避免傷害的產生，並比別人早一步行動，先期獲取利益。不管是在商界，還是在政治圈裡，認清時務都十分重要。而事實說明，成功人士都是識時務者，醉生夢死的人很少能夠成功。

第二種是通權達變，轉危為安。也就是說，在面臨危機時，你必須評估各種處理方式對你的影響，並採取對你最為有利的決定，而「識時務者為俊傑」這句話最常被人使用，也就是在這個時候。

一位小夥子在生日那天收到的禮物是一隻會說話的鸚鵡。可是他很快發現這隻鸚鵡滿嘴髒話，十分粗魯。他決心改變鸚鵡，於是每天對著牠說禮貌用語，教牠文雅的辭彙，給牠放輕柔的音樂。

幾個月過去了，小夥子發現他的努力一點用都沒有，鸚鵡依然髒話連篇。小夥子生氣地衝著鸚鵡大喊，那鸚鵡反而喊得更響。

一天，小夥子再也無法忍受了，他把鸚鵡扔進了冰箱裡。開始的時候，鸚鵡還在冰箱裡撲騰、叫喊、咒罵，後來卻突然安靜了下來，一點聲音也沒有。

小夥子害怕鸚鵡被凍壞了，於是馬上打開了冰箱。鸚鵡平靜地走出來，乖乖地站到了小夥子的肩膀上，用非常誠懇的語氣說：「很抱歉我讓你生氣了，以前我做得不對，現在我要痛改前非，請你看我的改變吧！」

在實際的生活中，我們常常可以看到有才華的人得不到重用，原因何在？不是能力的問題，也不是才氣的問題，而是態度問題。他們往往不務實，不識時務，自詡清高，覺得自己比任何人都厲害，自己可以憑才華打天下，不需要看別人的態度行事。殊不知，這是自己不得志的根本。

清代有名的政治家曾國藩就經歷了從不識時務到識時務的過程。

曾國藩剛當官的時候，是一個剛強、勇猛的鬥士，處處表現出一種不畏強暴，英勇無畏的大丈夫氣概。為了大清江山，為了自己拜相入閣，而敢於與各種勢力搏鬥。他尊奉孔孟之道，一心一意用儒家思想指導自己的行動，把「以天下為己任」、「天行健，君子自強不息」當作入世拯世的指南。有一個故事表明了他早年為官的這種指導思想。

一次，綠營兵在長沙火宮殿尋釁鬧事，和曾國藩帶領的湘勇打了起來，很明顯，是綠營兵有意挑起事端。曾國藩聞之大怒，欲整治綠營兵，屬下勸曾國藩忍下這口氣，曾國藩不聽，想藉此整頓這股歪風。

綠營兵是歸鮑起豹提督管制，曾國藩只是個幫辦團練大臣，無權指揮綠營兵。綠營兵紀律鬆弛，戰鬥力不強，平時練兵三天打魚兩天曬網。綠營兵的行徑，曾國藩早就看不慣了，剛好發生了這個事情，曾國藩二話不說，舉起了整頓的大刀。曾國藩大張旗鼓整頓了綠營兵後，結果事態鬧到不可收拾的地步，不但與鮑起豹不和，也得罪了長沙的官員，曾國藩索性一不做二不休，連長沙的官場一起整頓，結果和長沙的官員也鬧起了矛盾，最後，曾國藩在長沙站不住腳，被逼到了衡陽。當曾國藩兵敗岳陽和靖港險些亡命湘江的消息傳到長沙官場時，不少人幸災樂禍。

不久，曾國藩又來到了江西，在江西他仍採用在長沙官場那種直接的、以強對強的方法，利用鴉片事件，參劾了江西巡撫陳啟邁。陳啟邁的巡撫一職雖然被免，但曾國藩因此得罪了江西官場上上下下的官員，他的處境不但沒有好轉，相反越來越惡化。江西官場怨聲四起，官員們聯合參劾他，使他處處掣肘，無法立足。

正在曾國藩焦頭爛額的時候，父親逝世，他於是趁奔喪的機會逃離江西。回到家裡，曾國藩反思自己歷年來的行為，想想自己一心報效清王朝，而清王朝統治下的湘、贛官場卻容不了他。他對皇上忠心耿耿，卻招來元老重臣的忌恨。對這一切，曾國藩感到很困惑，很迷茫，他想不通自己錯在哪裡。

想了一年之後，曾國藩終於從老莊的思想裡找到了答案，悟出了「擎跽曲拳，人臣之禮也，人皆為之，吾敢不為邪」的真諦。別人都如此，我怎麼敢不如此呢？做大家都做的事，人們就不會吹毛求疵了。

其實，這個道理曾國藩早就懂，只是他一貫奉行儒家思想，以剛克剛，把道家思想視為異途，男子漢大丈夫，要建功立業，怎能學消極遁世的老莊思想呢？曾國藩悟出的不僅僅是大柔非柔、至剛無剛的道理，而是悟出了一個新的思維方式，即孔孟和老莊並不對立，入世出世相輔相成，互為補充。這樣既可以建功立業，做出一番轟轟烈烈的事業，又可保持寧靜謙退的心境。

同治元年（西元1862年）五月二十八日，曾國藩在給九弟和季弟的信中說：「近來見得天地之道，剛柔互用，不用偏廢，太柔則靡，太剛則折。剛非暴虐之謂也，強矯而已；柔非卑弱之謂也，謙退而已。」

從這封信中就可以看出，曾國藩把儒家和道家思想混在一起，達到了一種做人的新境界。這種開始通人情、識時務的改變，為他以後的人生奠定了思想基礎。

從曾國藩的轉變，可以看出識時務的重要性。縱觀任何一個傑出的人物，都是有才華又識時務的人。不識時務，能成「小器」，能成「中器」，但最終成不了大器，即成不了頂尖的人物。

8. 做個單純的人

【原文】

南海之帝為儵，北海之帝為忽，中央之帝為混沌。儵與忽時相與遇於混沌之地，混沌待之甚善。儵與忽謀報混沌之德，曰：「人皆有七竅以視聽食息，此獨無有，嘗試鑿之。」日鑿一竅，七日而混沌死。

——《莊子．應帝王》

【譯文】

南海的大帝叫儵（ㄕㄨˋ），北海的大帝叫忽，中央的大帝叫混沌。儵與忽經常在混沌的家裡相見，混沌招待得既用心又很熱情，於是，儵和忽商量如何報答混沌的深情厚意，說：「人人都有七竅用來視、聽、吃和呼吸，唯獨混沌沒有，讓我們試著為他鑿開七竅吧。」於是，他們每日鑿出一個孔竅，鑿到第七日混沌就死了。

【人生感悟】

原來混沌沒有耳、目、口、鼻這七竅，因而與外物無法溝通，也不受外物變化的影響。但是七竅開通後，反而死了，這裡莊子這樣寫是有其深意的。

《莊子．繕性》描述：

古代的人處在混沌蒙昧之中，世間的人全都淡漠無為。那個時候，陰陽和諧寧靜，鬼神不來侵擾，四時合乎節序，萬物不受傷害、眾生沒有夭折，人們雖有智力卻無處可用。這叫做最高的合一狀態。

由此可見，古人並非沒有耳目口鼻，而是在整體中「淡漠無為」，「雖有智力卻無處可用」，猶如沒有耳目口鼻一樣，大家單純地過日子，不分彼此，有如合一狀態。本來這樣過下去很好。

後來燧人氏、伏羲氏出來治理天下，就只能順應自然而無法維持合一狀態了。

再到神農氏、黃帝出來治理天下，就只能安定天下而無法順應自然了。

因此莊子認為：人們生活在大自然的懷抱中，保持心靈的靜謐，本來能安享天命，但由於人類鍾情於智謀技巧，破壞了人的本然狀態，故使人們失去了生存的樂園，甚至不能保全自我的性命。

所以，莊子說：「無為名尸，無為謀府；無為事任，無為知主。」（《莊子．應帝王》）也就是說，不要成為名譽的寄託，不要成為謀略的場所；不要成為世事的負擔，不要成為智慧的主宰。

懂得越多，看得越透徹，要求得到回報的欲望就越高，對社會越不滿，人生越痛苦。知道得越多就越虛偽、盤算，把生活變成了生意，計較得失，學會在討價還價中得到樂趣。

那麼，什麼人最快樂？心地單純的人。

心地單純的人對許多事是不過心的。心地單純的人缺乏精明人的一些算計和設想。算計和設想雖是好事情，可好事情的另一面常常就是陷阱，就造成人的過失。而心地單純的人缺乏那樣的算計，也就避免了那樣的過失，無所謂陷阱可言。

心地單純的人往往也不會過分注意身邊的潛在危險和可能要失去的東西。所以他往往對事物並不主動地出擊，這樣反而不會使危險擴大，做到了順其自然。心地單純的人天性裡含有一種自然的忍讓、寬容和視而不見，他做到了一種精明人很難做到的事情，「有得有失」對於心地單純的人是都不計較的。

心地單純的人由於自身的特點，目光往往是不夠尖銳的，這樣他也就沒有那麼多的挑剔。一個不去挑剔生活和別人的人，是幸福的。

心地單純的人往往具有一種看淡世事的豁達與灑脫，從不計較自己的得失。因此，在生活裡，只有他們活得最痛快、最輕鬆。相反，精明人對世事的過分在乎，則常使自己終日困於苦悶之中。

所以，要想幸福，不妨做個混沌式的單純的人。

9. 適合自己的才是最好的

【原文】

彼正正者，不失其性命之情。故合者不為駢，而枝者不為跂；長者不為有餘，短者不為不足。是故鳧脛雖短，續之則憂；鶴脛雖長，斷之則悲。故性長非所斷，性短非所續，無所去憂也。

——《莊子．外篇》

【譯文】

那所謂的至理正道，就是各得其所，順應自然。所以說在一起的不算是併生，而旁出枝生的不算是多餘；長的並非多餘，短的並非不足。鴨子的腿雖短，但長了就會有麻煩；鶴的腿雖長，截去一段同樣很痛苦。事物原本就很長是不可以隨意截短的，事物原本就很短也是不可以隨意續長的，這樣各種事物也就沒有必要去排除憂患了。

【人生感悟】

莊子主張尊重萬物的多樣性：「彼正正者，不失其性命之情。長者不為有餘，短者不為不足。是故鳧脛雖短，續之則憂；鶴脛雖長，斷之則悲。」尊重和順應不同個體千差萬別的自然本性，承認它們可以用自己的方式，決定自己的生命出路和存在意義。

莊子認為，腳上雙趾並生，是連綴起無用的肉；手上六指旁出的，是無用的手指。只有一腳五趾，一手五指，才是最自然的狀態。多一個，少一個都不好。

什麼才是事物所固有的呢？那就是合乎自然、順應人情的東西。聽任自然，順應和諧，是莊子堅持的思想之一。

這正如我們找對象，找有錢的嗎？找個子高的嗎？找苗條的嗎？找有學問的嗎？

有人說，找妻子要找溫柔型的，唯夫首是瞻，可是，這樣的女人縱然溫順，但往往不會公關，不會做事業。有人說，找妻子就要找個有本事的，吃得開的，玩得轉的，自強不息，可是這樣的人重業不重家，苦惱的正是沒有一個任勞任怨地站在成功女人後面的男人，你能做個家庭主夫嗎？

永遠會有條件更好的人出現，但他（她）不見得就適合你，所以要全面衡量，挑一個最適合你的人，而不一定是最優秀的那個人。

金錢、地位、長相等與和諧的幸福生活比較起來，就成了多餘的東西。莊子說「長者不為有餘，短者不為不足」。在這裡我們就可以說，有錢並非多餘，沒有錢並非不足，只要兩個人在一起能幸福地生活，互相恩愛，彼此珍惜，這就是最好的。本來和諧的夫妻，有了錢以後也許就不和諧了，為什麼？因為酒不醉人人自醉，有了第三者。

許多時候，人們往往對自己的幸福視若無睹，而覺得別人的幸福卻很耀眼。想不到，別人的幸福也許對自己不適合，更想不到，別人的幸福也許正是自己的墳墓。

有兩隻老虎，一隻在籠子裡，一隻在野地裡。在籠子裡的老虎三餐無憂，在外面的老虎自由自在。兩隻老虎常進行親切的交談。

籠子裡的老虎總是羨慕外面老虎的自由，外面的老虎卻羨慕籠子裡的老虎安逸。一天，一隻老虎對另一隻老虎說：「我們倆換一換。」另一隻老虎同意了。

於是，籠子裡的老虎走進了大自然，野地裡的老虎走進了籠子。

從籠子裡走出來的老虎高高興興，在曠野裡拚命地奔跑；走進籠子的老虎也十分快樂，牠不用再為食物而發愁。

但不久，兩隻老虎都死了。一隻是飢餓而死，一隻是憂鬱而死。從籠子中走出的老虎得到了自由，卻沒有同時獲得捕食的本領；走進籠子的老虎獲得了安逸，卻沒有獲得在狹小空間生活的心境。

這個世界多姿多彩，每個人都有屬於自己的位置，有自己的生活方式，有自己的幸福，何必去羨慕別人？安心享受自己的生活，享受自己的幸福，才是快樂之道。

適合自己的才是最好的——請牢記在心！

10. 量力而行，知其可為而為

【原文】

古之至人，先存諸己而後存諸人。

——《莊子・人間世》

【譯文】

古時候的道德修養高的「真」人，總是先使自己有足夠的能力而後才會去幫助他人。

【人生感悟】

莊子認為，一個人只有自己有了足夠的能力，才可以考慮幫助別人。也就是說，要知可為而為，做任何事情都要量力而行，不要做超出自己能力的事情。

知可為而為，是一個人應保有的最起碼的處事素質。一個人如果不自量力，難免會自取其辱，碰得滿鼻子灰，酸溜溜地難以在人前抬起頭來。人開創事業的時候，要清楚自己的底線，知道自己能吃幾碗乾飯，什麼事自己能做，什麼事自己做不來，不要勉強自己。

不自量力的人做事往往不知深淺，因為他不清楚自己的實力，出發點沒有站在穩固的基點上，而是從不切實際的空中樓閣作出判斷。當別人替他拆穿這層樓閣的時候，他才不得不認識到自己的無知。

知可為而為的前提是有自知之明。

龜兔賽跑以後，烏龜總是洋洋得意，兔子卻一直沉默不語。烏龜卻不管兔子的感受，作著自己長遠的規劃。

過了幾天，重塑形象的烏龜給鷹王遞上呈文，要求委以重任。

鷹王問烏龜：「你想高攀什麼職位？」

烏龜說：「請教我飛翔吧！只上一堂課我就能衝上雲霄，穿過大氣層，翻飛在太空。在那裡，我看太陽、月亮，還有成千上萬的星星。我還可神速地降落，逍遙自在地掠過一個又一個城市，在短短的幾天中飽覽所有風光！」

鷹王嘲笑烏龜的荒唐，奉勸牠知命守分，耐心地用自己的方式生存。可烏龜卻固執己見，堅持要鷹王把飛行的本領教給牠。

鷹王無奈，只好抓起烏龜直飛雲端，並對烏龜說：「看你怎樣飛翔！」說著鷹王爪子一鬆，烏龜掉了下來，摔得粉身碎骨。

烏龜的致命弱點就是不知道自己是什麼，更不知道自己適合怎麼樣的生活。烏龜因為在龜兔賽跑以後獲得了大家的讚譽，便飄飄然不知所以了，結果，代價是慘重的。

做人要本著實際情況來，不能走自己難以承受的道路。有時候因為你一時的不自量力，前面的路可能會被你走死，而如果知可為而為，自會有海闊天空的境界呈現。

知可為而為是一個大智慧，其實很簡單，但很難有人真正地悟到和做到。

知可為而為就是當自己摸到一張爛牌時，不要再希望這一盤是贏家。只有傻子才在手氣不好的時候，對自己手上的一把爛牌說，我們只要努力就一定會勝利；只有笨蛋才會在狼狽不堪的時候，對自己的鞋子說，我們是出淤泥而不染的。知可為而為，就是在陷入泥潭時，知道及時爬起來，遠遠地離開那個泥潭；知可為而為，就是上錯了公交汽車時，及時下車，另外坐一輛車子。

做人，量力而行。

11. 退一步，路將會更寬

【原文】

世俗之人，皆喜人之同乎己而惡人之異於己也。同於己而欲之，異於己而不欲者，以出乎眾為心也。夫以出乎眾為心者，曷常出乎眾哉？因眾以甯，所聞不如眾技眾矣。

——《莊子．在宥》

【譯文】

世俗人都喜歡別人跟自己相同而討厭別人跟自己不一樣。希望別人跟自己相同，不希望別人跟自己不一樣的人，總是把出人頭地當作自己主要的內心追求。那些一心只想出人頭地的人，何嘗又能夠真正超出眾人呢！隨順眾人之意當然能夠得到安寧，個人的所聞總不如眾人的技藝多、才智高。

【人生感悟】

莊子認為，光有出人頭地的心理，卻沒有超出眾人的實力，不如先學會退一步向他人學習，然後超出眾人才水到渠成。

縱觀歷史，也有借鑑的鏡子。三國時劉備再三低頭讓步：從三顧茅廬到孫劉聯合，每一次低頭，都會踱到「柳暗花明又一村」，終於成就「三足鼎立」的輝煌。這是古人的典範。

漫漫人生路，有時退一步是為了跨千重山，或是為了破萬里浪；有時低一低頭，更是為了昂揚成擎天柱，也是為了響成驚天動地的風雷。退步是為了更好地進步。

退一步需要有藝術，換句話說，不可以白退步，要退得有價值。

有一道腦筋急轉彎題：飛機在高空中盤旋，目標緊緊咬住裝載緊急救援物資的卡車，就在這危急時刻，前面出現一個橋洞，且洞口低於車身幾公分，問卡車如何巧妙穿過橋洞。

問題早就有了答案——把車輪胎放掉一部分氣即可。問題的答案簡單卻教給我們一個做人的道理，遇事不如像輪胎放氣一樣低一低頭，你會發現再抬頭會比原來看得更遠。

一些人遇到困難，開始時不是一籌莫展，搞得焦頭爛額，就是硬往前撞，哪管它三七二十一，死了也悲壯。這固然表明一個人有勇氣和自信，但往往會適得其反，事情會扯不清理更亂。毫無價值的犧牲，最終受害的是自己。

所以，在強勢面前，先退讓一步，暫避其鋒芒，待它的猛烈勢頭稍減後，再尋求解決之道，往往更有可能反敗為勝。

社會生活中，那些機智靈活的人，必然懂得「能屈能伸」、「能進能退」的道理。「屈」，不是懦弱，而是為了保存實力；「退」，不是認輸，而是為了突破困境。

有一個人在廣告公司謀事，由於年輕易衝動，所以得罪了經理。於是，在以後的日子裡，每次開會都自然而然成為會議的第一個主題——挨批。被批得面目全非後，真想一走了之。但是轉念一想，如果真的走了，一些罪名不光洗不清，而且會被再蒙上厚厚的污垢；再者，這是一家很有名氣的廣告公司，自己完全可以從中源源不斷地「充電」。於是他堅持留了下來，整理好亂七八糟的心情，低頭實幹，以兢兢業業來為自己療傷，以實實在在的業績回擊謊言。一筆又一筆的業務，增添了他的信心，也使他積攢下了許多經驗財富。最重要的是，此人學會了退一步路會更寬的做人道理。

不光做人，經商也是一樣。

市場趨勢，個人力量難以改變。因此，在有利時，要抓住難得的時機，以求快速發展；然而，更重要的是，當遇到難處時，要冷靜分析，審時度勢，宜退則退。

二十世紀*60*年代初，威爾遜．哈勒創辦了一家小公司，公司主要生產「配方*409*」清潔液。到一九六七年，「配方*409*」已佔有美國清潔液市場的*50*％。正當哈勒的事業蒸蒸日上時，寶潔公司也生產出一種清潔液，名叫「新奇」，想與哈勒爭奪清潔液市場。

寶潔公司歷史悠久，實力雄厚，其「象牙」肥皂更是聞名全美。為了搶佔清潔液市場，寶潔公司大造聲勢，到處做廣告。寶潔公司認為，自己一定有能力打敗哈勒的小公司。

哈勒冷靜分析後認為，由於對方實力雄厚，決定停止自己的促銷活動，主動放棄部分市場。寶潔公司看到哈勒主動讓出市場，認為對方已被擠垮，便不再把哈勒的小公司放在眼裡。然而，哈勒是「明修棧道，暗度陳倉」：他透過改進產品的包裝和色調來迷惑對方，同時又密切注視對方的一舉一動。

當「新奇」快要投放市場時，哈勒突然削價，以優惠價拋售「配方*409*」。那些愛便宜的消費者，一次就購買了足足可用一年的清潔液。後來，寶潔公司「新奇」清潔液上市了，但因為消費者已購足了哈勒的「配方*409*」，「新奇」清潔液便滯銷了。

就這樣，哈勒在困境中當退則退，該進則進，不但保住了自己的市場，還擴大了品牌的知名度。

12. 活在當下，去做現在就能做的事

【原文】

道行之而成，物謂之而然。

——《莊子．齊物論》

【譯文】

人走的多了，也就有了路，事物也是人們反覆稱謂才叫那個名字的。

【人生感悟】

莊子認為，道路是由人走出來的，只有走的人多了，才能稱為路。人只有拿出行動，親自去走一走，去做一些事情，才有可能得到自己希望得到的東西；也只有多了一份行動，才會多條成功的路。

荀子說：「道雖邇，不行不至；事雖小，不為不成。」（《荀子．修身》）也就是說，坐而論「道」，不如起而行。「目標」這個「道」必不可少，但不能為了「道」而去論「道」，關鍵是行

動。

有了想法，就趕快行動。不要等到一切條件都具備了才動手，到那個時候，可能為時已晚了。成功者和失敗者的差別就在於，成功者願意採取有目標的行動，不會只是空想。

人生的種種遺憾，常常是缺乏行動造成的。若不把握時機，及時行動，就無法擁有更多的機會和成功。

有個中年男子，二十年前，他進入了銀行工作，因薪水不錯，所以很滿意。但工作兩三年後，因為銀行工作缺乏彈性，他有了換工作的念頭。

偏巧這時，他結婚了，開始有生活壓力。於是便想：「換工作後，未必能拿這麼好的薪水，還是忍一忍吧，過幾年再走也不遲！」

過了兩年後，他有了孩子，家庭開銷更大了。他又告訴自己：「再熬幾年吧，等孩子大一點了，我再換工作吧！」

十年後，孩子是長大了，但供孩子上學的壓力也越來越大。這時，他只好寬慰自己：「沒關係，生活就是這樣，等我退休了，一切都會轉好的。」「為了這個家，我所有的夢想都被摧毀了。退休後，我至少不為工作煩心了，到那時，可以陪太太到處走走……」

退休之前的一天，他去逛商場，看到一套喜歡的西裝，想買下它。但一看價錢，大吃一驚，居然要一萬六千元。心想：「算了吧，反正家裡還有西裝，退休後何必穿得那麼好呢？」於是，他繼續逛街，又看到一件喜歡的純羊毛背心，但售價是五千元。他隨即轉變念頭：「冬天馬上就要過去了，何必再浪費呢？」

在生活中，許多人都是這樣，將想做的事放在明天。當走到人生的盡頭時，再回首，才發現自己那最初的想法和願望都沒有實現，豈不可悲？

近百年來，清華大學可謂人才輩出，碩果累累。「清華精神」的核心是「務實」，清華人奉行的準則就是「行成於思，行勝於言」。當我們在評估自己的願望時，務必要懂得活在當下，去做現在就能做的事。如果你只是個胸懷大志卻無法立即行動的人，那麼，你的理想充其量只是海市蜃樓。

宋朝文學家張泳說：「臨事三難：能見，為一；見能行，為二；行必果決，為三。」在任何一個行業裡，不努力去行動的人，就不會獲得成功。就連兇猛的老虎要想捕捉一隻弱小的兔子，也必須全力以赴地去行動，不行動、不努力，就捕捉不到兔子。

任何希望和計畫最終必然要落實到行動上。只有行動才能縮短自己與目標之間的距離，只有行動才能把理想變為現實。做好每件事，既要心動，更要行動，只會感動羨慕，不去流汗行動，成功就是一句空話。

從中國到美國的航班，飛機在99%的時間都會偏離預定的航道，但這些飛機大都會準時到達，就是因為它們會在行動過程中不斷修正自己的偏差，人生的旅程也是如此。

立即行動勝於所有胡思亂想，一次行動勝於百遍胡思亂想，成大事者關鍵在於行動。

這一點，德國文學家席勒的成長或許對你有所啟示。

席勒的父親是個受人尊敬的人。不但事業成功，而且為人慷慨。從他上高中的時候開始，只要席勒要用錢，他隨時可以用父親銀行的帳號開支票。上大學時，更是隨心所欲了。這樣舒適、逍遙的生活一直持續到父親去世。父親留給他的遺產是一塊相當大、而且十分值錢的土地，但沒多久，經濟大蕭條席捲各地，當年的財務便是嚴重赤字。這以後，為了償債和到銀行貸款，席勒的田地陸續被抵押，並最終被銀行拍賣。

禍從天降，席勒突然發現自己已經一無所有。如果要活下去，就必須出去找一份工作。這是席勒以前從未考慮過的事。在此以前，他唯一的技能是開支票，但此法目前已完全行不通了。至此，他完全陷入了茫然。

有一天晚上，席勒從噩夢中醒來，終於知道自己必須面對事實了。他對自己說：「無憂無慮的童年歲月已過，現在你已長大成人，當然做事也要像個大人。夥計，開始工作吧！」雖然正值經濟蕭條時刻，工作機會不多，但他還是對自己的前途滿懷希望。

為了生存，他沒有等待和持久地徬徨，也沒有找任何藉口，而是不斷積極行動，終於在一家財務公司找到工作，並在那裡愉快地工作了四年。

對於某種事業，你審視後認為，自己有做成的能力，同時也適合自己的興趣，那你就不必再猶豫了。此時，你應該立即下定決心，全力去做這件事。

頂尖的人總是想著未來，而平庸的人總是想著過去。那些最優秀的人在行動之前已經設立了一個未來的遠景目標，然後倒推出現在應該做什麼，從而邁出第一步。大多數人對生活都有自己的想法，但往往不肯邁出第一步。

成功的關鍵在於邁出第一步，成功的人都是行動導向的人。一旦他們有了什麼想法，就立即去實踐，實踐的結果有兩種，一是可能成功，一是可能失敗，成功總是伴隨著一串失敗，是失敗的累計。所以只要你去試，就不會輸。

13. 不要去追求命運無可奈何的事

【原文】

達生之情者，不務生之所無以為；達命之情者，不務知之所無奈何。

——《莊子．達生》

【譯文】

能夠看透人生的人，不會不顧一切地去追求對於生命幾乎沒有任何益處的東西；通曉命運實情的人，不會不顧一切地去追求命運無可奈何的事。

【人生感悟】

莊子認為，人不能什麼都想要，什麼都想做，否則會把自己累死。讓自己放鬆下來，只追求對自己身心健康有益的事情，對於命運中無可奈何的事情，不妨先放一放。這樣，不僅身體得到放鬆，心靈也得到放鬆，活得也就輕鬆了。

達到放鬆狀態自古就有很多方法，很多宗教的吸引力就在於此。但宗教的基礎總是讓人們相信一些非現實的神秘力量，並寄希望於這些無法證實的神秘力量。真正科學的方法應該是基於對生命的客觀存在的正確認識。

有一位退休工人，頭髮斑白，看樣子有六十多歲了。那老人一邊走路一邊吃東西，嘴裡含著一根圓溜溜的粉紅色棒棒糖，並慢條斯理地踱著步子。老人是如此的率性而為，任憑那份童真淋漓盡致地表現在一顆粉紅色的棒棒糖上，飛馳而過的轎車在他身邊颳起一片片落葉，步履輕盈的學生匆匆從他身邊跑過，而他，還是沉浸在自己的世界裡。

可是，現實生活中的我們，有多少次為了顧及面子，讓那難得的機會一再地逝去；多少次，我們為了顧及身分，掩藏了自己的本性，天天戴著面具生活；有多少次，我們為了顧忌別人的看法而沒有做該做的事，卻在事後追悔莫及，甚至還為此一生都背著一個十字架，日日遭受良心和道德的譴責；有多少次，我們為了顧忌那些本不該顧忌的一切而猶豫不決，而裹足不前，而浪費光陰，而鑄成大錯……

過去有「竹林名士號七賢，魏晉清談說三玄」，「群豕既來且同飲，唯公親知樂管弦」。古人尚能如此瀟灑自如，為什麼我們卻不能呢？須知我們的生活除了金錢、除了權力，還有許多東西。當你為掙錢忙得焦頭爛額甚至臉顧不上洗、飯顧不上吃時，為什麼不一把甩開，到外面呼吸一下新鮮的空氣，欣賞一下路邊無名的小草；當你老也猜不透上司的想法時，為什麼不乾脆放下它，然後回家看看父母？

當靦腆的你有了自己的想法的時候，就直截了當地提出來吧，不要在乎別人是否會認為那是多麼的幼稚；當你想吃棒棒糖時，請不要猶豫，買下它，然後把它放入嘴中。

在大都市里經常存在這種現象：早上六點左右鬧鐘響，職業男女匆忙起身，忙得團團轉，洗漱一番，套上職業工作服；要是有時間，就用點早餐，抓起公事包往外跑，開始接受每天例行的懲罰——所謂交通高峰的堵塞；朝九晚五地工作，應付上司，應付同事，應付廠商，應付客戶、顧客。這種緊張繁忙的工作會讓人飽受壓迫。

這種情況下，我們一定要學會調整和放鬆。你要知道應該在什麼時候放下工作，輕鬆一會兒。你要接受你的不足。要知道你只是一個人，你的能力有限。告訴你自己不要把自己逼得像個奴隸，你應該輕鬆下來。如果你發現自己正在瘋狂地奔波勞累，那要趕快停下來。問問你自己這樣做有何用處，你是願意把自己逼出心臟病來，還是承認自己的能力有限，然後輕鬆下來？

但是你一定要理解，放鬆並不是待在那裡無所作為，相反，它會體現為行動上的收放自如。不放鬆的狀態的本質並不是行動上或頭腦的忙碌，不放鬆的本質是內心的矛盾，是內心的方向不明確。

一張一弛既能讓事業得到發展，也能夠保證身體、生理、心理、精神方面的健康狀態。你只有覺得不再那麼神經緊張時，才可以快快樂樂地工作。

當你感到心神不寧，精神緊張時，下面八種方法能讓你的心靈有小憩的機會，幫助你暫時鬆弛一下。

（1）洗澡。淋浴或浸浴除了可緩解緊張的情緒外，還有消除疲勞之功效。

（2）烹調食物。洗、切、調味和下鍋等烹飪功夫對消除精神緊張很有效果。如果嫌做一頓飯太費時間，也可簡單地製作一些食品。

（3）聽音樂。不論是古典音樂、民族音樂，還是流行音樂，都有助於緩解緊張的情緒。

（4）運動。你用不著從事爬山等劇烈運動，只需躺在運動墊上，花10分鐘做做伸展運動，讓四肢有舒展的機會，就可以達到放鬆的效果。

（5）郊遊。盡情沐浴在自然的溫馨中，重新感受那童年的快樂，舒展身體，放鬆心靈。

（6）美容。愜意地躺在美容床上，徹底放鬆自己，從頭到腳乃至整個心靈都充分放鬆。

（7）寫信。你一定有久未聯繫的親友，不妨給他（她）寫一封信，不僅可吐露、發洩一下自己的感受，同時也能讓對方在收信時驚喜一番。

（8）閱讀。閱讀書報可說是最簡單、消費最低的輕鬆消遣方式，不僅有助於緩和緊張情緒，還可使人增加知識和樂趣。

記住莊子的話：能夠看透人生的人，不會不顧一切地去追求對於生命幾乎沒有任何益處的東西；通曉命運實情的人，不會不顧一切地去追求命運無可奈何的事！累了的時候，想想那個一邊走路一邊吃東西，嘴裡含著一根圓溜溜的粉紅色棒棒糖的退休工人，別忘了給自己的生活鬆鬆綁。

14. 不要把自己看得過重

【原文】

吾在於天地之間，猶小石小木之在大山也。

——《莊子．秋水》

【譯文】

我存在於天地之間，就如同小石塊、小樹林存在於大山之中那樣。

【人生感悟】

莊子認為，與天地比較起來，人是那樣的渺小，與大道比較起來，人的智慧簡直不值得一提。如果一個人覺得自己很了不起，是因為他還沒有看到外面更廣大世界的緣故。對於這個道理，《莊子．秋水》裡有一段描寫了河神與海神對於大與小的認識，很值得深思。文中記載：

秋天來了，按照時令，正是山洪暴發的時候。這時候，眾多大川的水流匯入黃河，河面寬闊波濤洶湧，兩岸和水中沙洲之間連牛馬都不能分辨。於是河神欣然自喜，認為天下一切美好的東西都可以在這裡看到。

河神順著水流呼嘯向東，來到出海口，面朝東邊，一眼望不到頭。這時候，河神方才改變先前洋洋自得的面孔，面對著海神仰首慨嘆道：「俗語中『聞知百條道理，就以為沒有人能及得上自己』的人，說的就是我啊（『聞道百，以為莫己若者。』我之謂也）。而且我還曾聽說過孔丘懂得的東西太少、伯夷的大義不值得看重的話語，開始我不信。如今，我親眼看到了大海是如此無邊無際，要不是因為我親自看到這一切，真的可就危險了，我定會遭到眾人的恥笑。」

海神說：「因空間的限制，井底之蛙，怎麼可以跟牠們談論大海呢？因為受到生活時間的限制，怎麼可以跟夏天的蟲子談論冰凍呢？鄉曲之士，不可能跟他們談論大道，是因為教養的束縛。現在你從河岸邊出來，看到了大海，方才知道自己的鄙陋，你將可以參與談論大道了。天下的水面，沒有什麼比海更大的，八方河流，歸於大海，但是我從不曾因此而自滿，自認為從天地那裡承受到形體並且從陰和陽那裡秉承到元氣，我存在於天地之間，就好像小石塊、小樹林存在於大山之中。我正以為自身的存在實在渺小，又哪裡會自以為滿足而自負呢？想一想，四海存在於天地之間，不就像小小的石間孔隙存在於大澤之中嗎？再想一想，城池與村莊存在於四海之內，與細碎的米粒存在於糧倉之中有什麼區別呢？」

河神的小卻自以為大，是在他還沒有看到更廣闊的世界之前，那時候，他還不知道外邊還有比自己更博大的事物，所以也就不知道天外有天的道理。海神的大卻自以為小，是他已經看到了更廣闊的世界，站在更高的位置上認識自己。

有人說，站在山頂和站在山腳的人看對方同樣渺小。「會當凌絕頂，一覽眾山小。」「山外有山，天外有天。」這樣的意境恐怕不是身在山腳下的人們所能體會到的吧！

許多時候，我們會不自覺地感到自己的強大，這種信心是不可或缺的，但不可發展為自負，否則就成了狂妄。正如天空中的星星，對於塵埃來說它大如宇宙，但對於宇宙來說它小如芥豆。因此，認清自己很重要。

中國古代有這樣一個故事：

有一次，陽子居去徐州，在路上恰巧碰到老子。郊外相逢，陽子居自以為有學問，態度傲慢，老子便為陽子居深感惋惜，當面批評陽子居說：「以前我還認為你是個可以成大器的人，現在看來不可教誨啦。」

聽了老子的話，陽子居心裡很不舒服，後悔自己為什麼當時那樣。老子也很失望。

陽子居回到旅店，思前想後，覺得自己應當作得自然一些，起碼要敬重長者，敬重有道德學問的老子。

於是，陽子居便主動給老子拿梳洗的工具，脫下鞋子放在門外，然後膝行到老子面前，謙虛地說：「學生剛才想請教老師，老師要行路沒有空閒，因此不便說話。現在老師有空了，請您指教我的過失。」

老子說：「想想看，你態度那麼傲慢，表情那樣莊嚴，一舉一動又如此矜持造作，眼睛裡什麼都沒有，這樣，將來誰和你相處呢？人，沒有他人圍繞著你，行嗎？應該懂得：最潔白的東西好像總有些污穢的感覺，德行最高尚的人總認為自己遠不十全十美，學問雖瞭解了，在更多方面他是不行的。知道自己不行，你才知道自己真正行的地方；眼睛裡只看到自己行，實際上，你哪個地方都不行。」

陽子居先是吃驚，漸漸地臉上浮現慚愧的神色，謙虛地說：「老師的教導使我明白了做人的真正道理。」

人性叢林，芸芸眾生。你可能以為自己很是成功，頗為了不起。但走出去一看，才發現外面的世界更大，外面的天空更加高遠，周圍的人群中更有奇人高手。面對這些高人與強手，於是有些人不知如何應對。怎麼辦呢？

其實，莊子早已為我們指出了方向：「吾在於天地之間，猶小石小木之在大山也。」所以，不要把自己看得十分地了不起，對人要謙虛。

比自己強的人，謙虛地和他相處；比自己差的人，也謙虛地和他相處；把功利放在一邊，把評價放在一邊，何況功利與評價並不是一成不變的呢！總之，應抱著一種自然的態度與之相處，不要把自己看得過重。

15. 不要為了迎合別人而改變自己

【原文】

無有所將，無有所迎。

——《莊子．知北遊》

【譯文】

不要有所送，也不要有所迎。

【人生感悟】

這句話是莊子藉顏回和孔子的口表達自己對處世的看法。《知北遊》中記述：顏淵問孔子說：「我曾聽先生說過：『不要有所送，也不要有所迎。』請問先生，一個人應該怎樣居處與閒遊？」

孔子說：「古時候的人，外表適應環境變化但內心世界卻持守凝寂，現在的人，內心世界不能凝寂持守而外表又不能適應環境的變化。隨應外物變化的人，必定內心純一凝寂而不離散遊移。對於變化與不變化都能安然聽任，安閒自得地跟外在環境相順應，必定會與外物一道變化而不有所偏移……」

「外表適應環境的變化」就是不要有所送，「內心世界持守凝寂」就是不要有所迎。通俗講就是，為人處世既要與人和睦相處，又要有自己的主見。

在這個世上，人容易丟失自我，去迎合他人，以為這樣就可以得到自己想得到的東西，卻將自我的尊嚴踩於腳下，其實，仔細想來，這種迎合，有時候不僅得不到滿足，或者只是暫時的滿足，而自身所失去的卻遠遠超過了想像。

為了迎合別人，放棄內心真實的東西，這是一種人生的悲哀！

人生之路本身就是孤獨的。自己在努力的過程中，沒有必要去為別人的指責而辯解，更沒有必要為此而煩惱。很多時候，我們的麻煩就在於不能聆聽內心的聲音。

對一般的常人來講，不管你做什麼事情，都會有50%的人可能提出反對意見，這是一件十分正常的事情。因此，如果你知道會有人反對你的意見，你就不會自尋煩惱，同時也就不會再將別人對你的某種觀點或某種情感的否定視為對你整個人的否定。當然，如果你堅信自己是正確的，就更不應該因為別人的看法而改變自己的決定，你就是你自己，沒有必要為了迎合別人而活著。

美國總統林肯，在他上任後不久，有一次將六個幕僚召集在一起開會。林肯提出了一個重要法案，而幕僚們的看法並不統一，於是七個人便熱烈地爭論起來。林肯在仔細地聽取其他六個人的意見後，仍感到自己是正確的。在最後決策的時候，六個幕僚一致反對林肯的意見，但林肯仍固執己見，他說：「雖然只有我一個人贊成但我仍要宣佈，這個法案通過了。」

表面上看，林肯這種忽視多數人意見的做法似乎過於獨斷專行。其實，林肯已經仔細地瞭解了其他六個人的看法並經過深思熟慮，認定自己的方案最為合理，而其他六個人持反對意見，只是一個條件反射，有的人甚至是人云亦云，根本就沒有認真考慮過這個方案。既然如此，自然應該力排眾議，堅持己見。

因此，既然自己是對的，那還有什麼猶豫的呢？記住，要想使每個人都滿意，結果只能是每個人都不滿意。不要為迎合他人而活著，活出真正的自我，才是最要緊的。

16. 寬容就是瀟灑，就是逍遙

【原文】

常寬容於物，不削於人。

——《莊子．天下》

【譯文】

對物常常抱有寬容的態度，對人無所侵害。

【人生感悟】

《莊子．庚桑楚》中有言：「不能容人者無親，無親者盡人。」也就是說不能容人的眾叛親離，眾叛親離者自絕於人。莊子認為為人要有寬容之心。寬容就是瀟灑，就是逍遙。

「處處綠楊堪繫馬，家家有路到長安。」（《醒世恆言》）寬厚待人，容納非議，乃事業成功、家庭幸福美滿之道。事事斤斤計較、患得患失，活得也累。所以，莊子提倡逍遙人生，學會逍遙，學會寬容。

道家、儒家、佛家，都主張寬容。例如，有這麼一副對聯「大肚能容，容天下難容之事；開口便笑，笑天下可笑之人」。凡有彌勒佛的寺廟裡，我們經常可以見到這副對聯。這副對聯，就是講度量的，人達到能容天下萬事萬物的度量，其思想便是進入「禪」的高層境界了。度量，是對他人長處、短處和過錯的一種包容。度量大，能得人心、團結人、納眾謀，以成其強大，對創造和諧的工作環境，十分有益。

有首打油詩寫道：「佔便宜處失便宜，吃得虧時天自知。但把此心存正直，不愁一世被人欺。」內心正直、胸懷雅量，才能包容萬物，才能以美好善良之心看待萬物。

寬容在人際交往、朋友關係、婚姻關係中發揮著不可替代的功效。

（*1*）寬容是人際關係的潤滑劑，真誠地寬容他人的過失，能夠減少人與人之間的摩擦，改變人的精神狀態，使人處在祥和、幸福的氛圍中。

（*2*）友誼也需要寬容來保持新鮮，當我們在朋友有了過失，或是對自己犯了錯誤的時候，我們應給予朋友最大的關懷、最無私的諒解。如此，我們會因為寬容了朋友，而體驗到友情的真諦。

（*3*）在婚姻關係中，無私地寬容對方的過失，能夠增進親密關係，使婚姻生活更加和諧，家庭生活更幸福。試想，若有人愛你，而不計較你的錯誤，甚至你做錯了事情他也接納你時，你無法不更愛他。

（*4*）寬容可以把親人之間的敵視、嫉妒、不滿和忿恨等等，統統逐漸溶化。

生活中我們可能會遭到別人的誤會甚至傷害，對此如果一直耿耿於懷，就會對我們的生理和心理健康都不利。反之，忘記和寬容那些事、那些人，則對我們的健康大有益處。實驗表明：人在記仇懷恨時，心跳會加快，血壓會上升；而在心懷慈悲、寬容「仇人」時，心跳會減慢。

那麼，如何才能擁有一顆寬容之心呢？

（*1*）凡事不計較。不如意的事來臨時，泰然處之，不為所累；受人譏諷，不要睚眥必報；學習吃虧，便宜讓給別人；多看別人的優點，少盯著別人的缺點。

在交往過程中，人和人之間難免會有一些摩擦，正如一首歌中所唱的那樣「勺子總會碰鍋沿，腳板總要擦地皮」，但是請記住「在這小小的天地裡，我們大家生活在一起」，既然如此，還有什麼大不了的事總是耿耿於懷呢？要知道沒有度量的人，是幹不出什麼事業，成不了什麼氣候的。

在與別人交往的時候，能夠做到遭人誤解不但不惱、反而注意不傷害對方的面子的人，具有寬容的品德。

（*2*）忍耐。對同事的批評、朋友的誤解，過多的爭辯和「反擊」實不足取，唯有冷靜、忍耐、諒解最重要。相信這句話：「寬容是在荊棘叢中長出來的穀粒。」能退一步，天地自然寬。

（*3*）洞察。世界由矛盾組成，任何人或事情都不會盡善盡美。無論是「患難之交」、「親朋好友」，還是「金玉良緣」、「模範丈夫」，都是相對而言。他們的矛盾、苦惱常被掩飾在成功的光環下，而掩蓋的工具恰恰是寬容。不必羨慕人家，不要苛求自己，常用寬容的眼光看世界，事業、家庭和友誼才能穩固和長久。

（4）原諒別人的過失。面對別人的傷害，有的人選擇了逃避，有的人選擇了怨恨，有的人則極端地選擇了報復，而他們忽略了一個最好的處理方法——原諒。

寬容是放下，是風景。親人之間的誤會、矛盾，就如同擋在你們面前的一根立柱，只要輕輕地繞過去，繼續前行就可以了。當回過頭來看時，這些矛盾和誤會其實很渺小，不值得一提。親人之間的誤會和矛盾在得到互相寬容之後，立刻會轉化為一股強大的力量，讓親情更牢固，彼此從中獲取的利益比以往任何時候都更多。

寬容是一種非凡的氣度，一種寬廣的胸懷，更是一種高貴的品質，一種崇高的境界。古人有云：「人非聖賢，孰能無過，過而能改，善莫大焉。」人生在世，可以說天天都在犯錯誤，只不過輕重不同而已。

有一個小故事，在公共汽車上，一女士無意踩了一男士的腳，道歉說：「對不起，踩著您了。」男士笑笑：「不不，該由我來說對不起，我的腳長得不太苗條。」哄，車廂裡響起一片笑聲。這就是寬容。它幽默、馨香、清潤、明澈！人的心情，與寬容的翅膀一同飛翔，就能感受到寬容的嫵媚、動人，觸到寬容的體溫、細膩。合上眼睛，收斂手足，它彷彿也坐在你的身邊。

寬容絕不意味著放縱，不是無原則的縱容、偏袒與遷就。寬容錯誤絕不是縱容對方犯錯，更不是對對方的錯誤視而不見、聽而不聞、不管不問，而是需要用一顆平常心去對待，對其正確的引導，給予其改過的勇氣與機會。

不要再為雞毛蒜皮的小事斤斤計較。但是，對於大是大非的問題，不該包容的就不能包容，否則，就會演變為包庇。無論對於自己還是別人，過分的包容不僅不會解決問題，反而會引來對方的得寸進尺。任何事情都有個度，過猶不及，就是這個道理。

懂得寬容的人，才懂得人生，懂得快樂。

寬容是一種「柔道」。寬容應以理解、尊重、信任為基礎。寬容的內心是愛而不是去對付。沒有人不相信，寬容是舒放的滄浪之水，像鹽一般聚結的敵視、嫉妒、不滿和忿恨等等，統統會逐漸溶化在水裡，正因為它謙遜，它接納，才有它的遼闊。

17. 一切困難最終都要靠自己解決

【原文】

以人之言而遺我粟，至其罪我也，又且以人之言，此吾所以不受也。

——《莊子．讓王》

【譯文】

由於聽到別人說我窮困因而派人給我送來糧食；等他想加罪於我的時候，也必定聽信別人的話，因此我萬萬不能接受他送我的東西。

【人生感悟】

莊子認為，受人恩惠固然可以讓自己少受些磨難，但別人可以給，也可以不給。況且如果隨意接受了別人的東西，就會受制於人，無疑是給自己套上了一副限制自由的枷鎖。即使能夠解決一時的問題，但不能從根本上解決問題。

《莊子．讓王》講述了一個列子貧窮卻不願接受官府的贈予的故事，也反映了這個道理。

列子的生活很不富裕，常常是吃了上頓沒有下頓，面容常有飢色。有一個人把這件事情對鄭國的上卿子陽彙報說：「列御寇，是一位樂道之人，居住在你治理的國家卻是如此貧困，難道你不喜歡賢達之士人嗎？」子陽聽後立即派官吏送給列子米粟。

列子見到派來的官吏，再三辭謝不接受。

官吏無奈回去覆命，他們走後，列子進到屋裡，列子的妻子埋怨他並且拍著胸脯傷心地說：「我聽說有道人的妻子兒女，都能夠不愁吃不愁穿，可是如今我們卻面有飢色。人家子陽瞧得起先生才會把食物贈送給你，可是你卻拒不接受，難道是命該如此嗎！」

列子微微一笑，回身對妻子說：「鄭相子陽並不是真正瞭解了我。他因為別人的談論而派人贈與我米粟，等到他想加罪於我時必定仍會憑藉別人的談論，這就是我不願接他贈與的原因。你明白了嗎？」

到後來，百姓果真發難而殺死了子陽。

所以，當你希望依靠別人的時候，其實真正能夠依靠的只有你自己。無論什麼時候，也無論處於什麼狀況之下，只有你自己是最可靠的。

某人在屋簷下躲雨，看見觀音正撐傘走過。這人說：「觀音菩薩，普度一下眾生吧，帶我一段如何？」

觀音說：「我在雨裡，你在簷下，而簷下無雨，你不需要我度。」

這人立刻跳出簷下，站在雨中：「現在我也在雨中了，該度我了吧？」

觀音說：「你在雨中，我也在雨中，我不被淋，因為有傘；你被雨淋，因為無傘。所以不是我度自己，而是傘度我。你要想度，不必找我，請自找傘去！」說完便走了。

第二天，這人遇到了難事，便去寺廟裡求觀音。走進廟裡，發現觀音的像前也有一個人在拜，那個人長得和觀音一模一樣，絲毫不差。

這人問：「你是觀音嗎？」

那人答道：「正是。」

這人又問：「那你為什麼還拜自己？」

觀音笑道：「我也遇到了難事，但我知道，靠人不如靠己。」

你能夠站多高，你也就能夠看多遠。要想站到高處，那就只能依靠你自己，你不要想依賴別人達到你所希望達到的高度，看到你希望看到的景色。你必須打消你的依賴心，然後用自己的努力改變自己的現狀。

人生在世，依賴任何人都是不現實的，或許別人會給你提供

一個機會，但最終的問題還是要靠自己去解決。

二十世紀30年代，松下幸之助曾經與國道電機工廠合作生產收音機。可是第一批產品投放到市場後卻退貨如山，批評如潮。

松下幸之助急忙找到國道電機廠的老闆北尾，要求他改進技術，沒想到北尾卻傲慢地說：「如果製造收音機像你說的那麼簡單，就誰都能做了！」松下幸之助一臉無奈，生氣地離開國道電機廠。

後來松下幸之助又找自己工廠裡的技術員中尾哲二郎，說：「中尾君，目前松下收音機的事你也知道了，我希望你帶頭開發零故障收音機。拜託了！」

中尾為難地說：「這我可是外行，一點基礎都沒有，要怎麼開發呀？」松下幸之助說：「你必須做到，不會就學，先買些收音機分解研究，一定能做成的。」

中尾接受任務後，馬上帶領一班人馬，開始夜以繼日地研究、設計。經過反覆檢測、製造，幾個月後終於成功了。他們研製出的收音機在日本廣播協會取得第一名的好成績，產品投放到市場以後，很快以品質優、性能好而獨佔鰲頭，穩穩當當地佔領了國內市場。

大家都歡呼著向松下幸之助祝賀，松下幸之助感慨地說：「靠誰都不是長久之計，一切困難最終都要自己解決。」

所以，不要總是依賴別人，把一切希望都寄託在別人身上，而要依靠自己解決問題，因為每個人也有許多事要做，他可能最大限度地幫助你，但他只可能幫你一時，卻幫不了你一世。靠人不如靠己，最能依靠的人只能是你自己。

一味地依賴別人，就會迷失自己。生命的藍圖上，就像滿天的繁星，每個人都有自己的潛能，你只要努力開拓自己的智慧，不懈地求索，找準自己的位置，你就會領略到人生壯麗的風景。

18.「無我」是人生的最高境界

【原文】

昔者莊周夢為蝴蝶，栩栩然蝴蝶也，自喻適志與！不知周也。俄然覺，則蘧蘧然周也。不知周之夢為蝴蝶與，蝴蝶之夢為周與？周與蝴蝶，則必有分矣。此之謂物化。

——《莊子．齊物論》

【譯文】

過去莊周夢見自己變成了蝴蝶，欣然自得地飛舞著的一隻蝴蝶，感到多麼愉快和愜意啊！不知道自己原本是莊周。突然間醒過來，驚惶不定之間方知原來是我莊周。不知是莊周夢中變成蝴蝶呢，還是蝴蝶夢中變成莊周呢？莊周與蝴蝶畢竟是有區別的。這就叫做物、我的交合與變化。

【人生感悟】

這是《莊子》裡一個有名的故事，這個故事一般稱作「莊周夢蝶」。在一般人看來，一個人在醒時的所見所感是真實的，夢境是幻覺，是不真實的。醒是一種境界，夢是另一種境界，二者是不相同的；莊周是莊周，蝴蝶是蝴蝶，二者也是不相同的。

莊子卻以為不然。

李白《古風》云：「莊周夢蝴蝶，蝴蝶為莊周，一體更變易，萬事良悠悠。」也就是說莊周與蝴蝶已經「物化」為一體了。莊子已經看不到自己，而是和自然合而為一了，這就是「無我」。

對此，可以作以下推理：如果「我」一會兒可以是莊周，一會兒可以是蝴蝶，那麼，「我」到底是什麼？就成了不確定的了。所以說，「我」之所在是始終處於變幻不定之中，莊子稱之為「物化」。

莊子認為：世上萬物，儘管千變萬化，都只是道的物化而已。莊周也罷，蝴蝶也罷，本質上都只是虛無的道，是沒有什麼區別的。這叫「齊物」。

「齊物」和「物化」的本質就是「物」「我」兩忘，也就是「無我」。

莊子的這種「物」「我」兩忘，也就是「無我」的境界應該是很難得的。關於「物」「我」兩忘，王國維給我們作了很好的闡釋。

王國維在《人間詞話》中云：有有我之境，有無我之境。「淚眼問花花不語，亂紅飛過秋千去。」「可堪孤館閉春寒，杜鵑聲裡斜陽暮。」有我之境也。「採菊東籬下，悠然見南山。」「寒波澹澹起，白鳥悠悠下。」無我之境也。

「有我之境」，以我觀物，故物皆著我之色彩。無我之境，以物觀物，故不知何者為我，何者為物。

「無我之境」，即「不知何者為我，何者為物」的物我兩忘、物我同一之境。要達到這一境界，關鍵在於主體的狀態。此時的主體應該處於佛家所謂「四大皆空」，道家所謂「坐忘」狀態，昔人叔本華又稱之為「純粹的主體」，即完全超脫於生死之欲、取消了個體意志的主體。只有取消了個體意志，才能取消主客對立，實現「物」、「我」同一，最終達到真正的「無我」。

這裡值得注意的是，莊子這裡的「無我」，不僅是指四肢肉體會「無我」，連精神也要「無我」。事實上，莊子對人除了肉體的四肢五官外，是否還有另外一個叫做「蝴蝶」的精神或心靈，似乎也是持懷疑態度的。也就是說莊子只是個身體，而蝴蝶就是精神，也許真的有那麼一個地方是可以讓蝴蝶不需借助身體而生活的。在梁山伯與祝英台中，兩人也是雙雙化蝶而去的。起碼這也算是個美好的願望吧。

按照莊子的「無我」哲學，我們還可以得出這樣的結論，那就是夢與現實的關係。莊子搞不清楚自己與蝴蝶的關係，那麼他搞清楚了現實與夢的關係了嗎？

按照常識，不管夢見了什麼，夢只是夢，夢醒後就回到了真實的生活中，這個真實的生活絕不是夢。可是，莊子偏要問：你怎麼知道前者是夢，後者不是夢呢？你究竟憑什麼來區別夢和真實？

對於這個問題的回答，有人也許會說，憑感覺就能分清哪是夢，哪是真實。譬如說，夢中的感覺是模糊的，醒後的感覺是清晰的；夢裡的事情往往變幻不定，缺乏邏輯，現實中的事情則比較穩定，條理清楚；人做夢遲早會醒，而醒了卻不能再醒，如此等等。

然而，莊子會追問你，你的感覺真的那麼可靠嗎？你有時候會做那樣的夢，感覺相當清晰，夢境栩栩如生，以至於不知道是在做夢，還以為夢中的一切是真事。那麼，你怎麼知道你醒著時所經歷的整個生活不會也是這樣性質的一個夢，只不過時間長久得多而已呢？

事實上，在大多數夢裡，你的確並不知道自己是在做夢，要到醒來時才發現原來那是一個夢。那麼，你之所以不知道你醒時的生活也是夢，是否僅僅因為你還沒有從這個大夢中醒來呢？

這麼看來，莊子提出的問題貌似荒唐，其實是一個非常重要的哲學問題。對這個問題，莊子雖然持疑問的態度，但他的疑問也正好給了我們肯定的回答。

莊子說：「蘧蘧然周也，不知周之夢為蝴蝶與？」顯然已經「物」「我」兩忘，人與蝶，夢與醒，渾然一體了。蝴蝶本身並不卑賤，人自身也並不高貴。大家都是平等無二，合二為一的，所以他才能達到不知人也、物也的地步，也就是已經達到了「無我」的人生最高境界。

這種境界，也是後來的陶淵明在其《飲酒》中說的：「此中有真意，欲辯已忘言。」

這裡莊子不僅認為人與蝶，夢與醒，無法分開，渾然一體了，甚至認為人就是蝶，夢就是醒，人與蝶，世界萬物及發生的一切，都不過是一場大夢而已。夢是什麼？夢是自然，夢是萬物的本原。這就是莊子的「蝶悟」。

莊子的這種「蝶悟」智慧在於：

透過瞑目存神，屏息萬緣，而忘掉自己的四肢五體，從而使靈魂逍遙自在。

《老子．第十三章》中說道：「吾所以有大患者，為吾有身；及吾無身，吾有何患？」「無身」，也就是「無我」，也就是人一旦達到「無我」的境界，就沒有什麼憂患了。

人類的身體就是一個很大的障礙，我們不得不去每天為它謀衣餬口，去奮鬥、努力，自然會惹出許多的煩惱和痛苦來。等到我們沒有了身體的時候，自然也就不會為了那些衣食住行而操心奮鬥了。那個時候，我們還會有什麼災難和煩惱呢！

當一個人已經到了不受時空的限制，心中沒有牽掛障礙了，赤灑灑，圓陀陀，光灼灼而無所不在、無所不能時，才會蝴蝶為夢，物我兩忘。

將生死壽夭、苦樂悲歡、是非榮辱、高低貴賤放在心上是愚人的悲哀，這樣的人還在「有我」的境界裡苦苦掙扎。在莊子看來，既然人間的生死壽夭、苦樂悲歡、是非榮辱、高低貴賤沒有什麼區別，是虛幻不實的，是夢，人們就應該把它們看淡，身處其中而心處其外，不去辨識，不去執著，來了就讓它們自然而然地來好了，去了就讓它們自然而然地去好了。可是人們卻往往做不到，結果是自尋煩惱，等到事情過去了，才醒悟過來，才悔不該當初。

莊子認為，人，不過是自然中的一粒微塵，無所求，便可盡獲所有，有容乃大，無欲則剛。莊子是一個看透生命內在之需的人。他知道水中游魚的快樂，他說快樂的至境就是身無所依，心無所求。他徹底地揚棄了名利情物，但他沒有丟掉善。在喧囂的世間，因為無所求，所以無欲無為，直至無我，齊物我，齊萬物，是至人也。

上下五千年的過來人們都在極力探求真正的生活態度，今人呢？

工作裡的紛爭，為個人利益得失的煩憂所左右；情愛的患得患失，為伊消得人憔悴的悲喜；人際的紛繁，做不到如「庖丁解牛」般遊刃有餘。累的東西太多！有沒有淨土？有沒有可以歇息的地方？有沒有不設防的交流之地？

只有參透「莊周夢蝶」的真正內涵，努力使自己達到「無我」的境界，排除一切外界的干擾，才能看清人世的本來面目，才能洞徹人世的來龍去脈，才能跳出人世的紛擾，才能回歸人的本性，就像大夢醒後才知大夢一樣。

19.「無用之用」是保全自己

【原文】

山木，自寇也，膏火，自煎也。桂可食，故伐之；漆可用，故割之。人皆知有用之用，而莫知無用之用也。

——《莊子．人間世》

【譯文】

山上的樹木皆因材質可用而自身招致砍伐，油脂燃起燭火皆因可以燃燒照明而自取熔煎。桂樹皮芳香可以食用，因而遭到砍伐，樹漆因為可以派上用場，所以遭受刀斧割裂。人們都知道有用的用處，卻不懂得無用的更大用處。

【人生感悟】

在社會歷史上，人們發現，在社會變動開始時，首先死去的總是一些有用人才。正如河中淹死的，總是會游泳的人，酒桌醉倒的一定是會喝酒的人。

因為會水，在水中用場大，下水的機會多，溺水的機會也多；因為能喝，和酒有緣，醉的機率也大。

每個人都希望自己有所作為，但莊子講無用，其實莊子所講的無用實不過是講境界講人生目的。但歷史講文明，社會講功利，人生要創造，如何無用？

為此，莊子在《人間世》篇中講了一個故事：

有個木匠到齊國去，經過曲轅這個地方，看見一棵被世人當作社神的櫟（ㄌㄧˋ）樹。這棵櫟樹樹冠大到可以遮蔽數千頭牛，用繩子繞著量一量樹幹，足有十丈粗，樹梢高臨山巔，離地面八十尺處方才分枝，可以造船的旁枝有十餘根。觀賞的人群像趕集似的湧來湧去，而這位木匠連瞧也不瞧一眼，不停步地往前走。

他的徒弟站看了許久，跑著趕上了木匠，說：「自我學藝以來，從不曾見過這樣壯美的樹木。可是先生卻不肯看一眼，不住腳地往前走，為什麼呢？」

木匠回答說：「算了，不要再說它了！這是一棵什麼用處也沒有的樹，用它造船定會沉沒，用它做成棺槨定會很快朽爛，用它做成器皿定會很快毀壞，用它做成屋門定會流脂而不合縫，用它做成屋柱定會被蟲蛀蝕。這是不能取材的樹。正因為它沒有什麼用處，所以它才能有這麼長的壽命。」

晚上，木匠做了一個夢，夢見櫟樹對他說：「你要拿什麼東西跟我相比呢？你打算拿可用之木來跟我相比嗎？那楂、梨、橘、柚都屬於果樹，果實成熟就會被打落在地，打落果子以後枝幹也就會遭受摧殘，大的枝幹被折斷，小的枝丫被拽下來。這就是因為它們能結出鮮美果實才苦了自己的一生，所以常常不能終享天年而半途夭折，自身招來了世俗人們的打擊。各種事物莫不如此。而且我尋求沒有什麼用處的辦法已經很久很久了，幾乎被砍死，這才保全住性命，無用也就成就了我最大的用處。假如我果真是有用，還能夠獲得延年益壽這一最大的用處嗎？況且你和我都是『物』，你這樣看待事物怎麼可以呢？你不過是接近死亡的沒有用處的人，又怎麼會真正懂得沒有用處的樹木呢！」

木匠醒來，把夢中的情況告訴徒弟們。

徒弟們說：「它既然只追求無用，那它做社神又為的是什麼呢？」

木匠說：「閉嘴，別說了！它只不過是在寄託罷了，反而招致不瞭解自己的人的辱罵和傷害。如果它不做社神的話，它還不遭到砍伐嗎？況且它用來保全自己的辦法與眾不同，而用常理來瞭解它，可不就相去太遠了嗎！」

這就是莊子說的無用之用。可惜，我們很多人沒有明白這個道理。

比如，身在職場，往往都急於顯露一下自己的才能和實力，盼望盡快得到他人的認可和刮目相看。因而表現得鋒芒畢露、急於求成，凡事都要爭個「先手」，有時動不動還要來個「搶跑」。並且，過早地掀起和捲入競爭，也會造成以下潛在的被動。

（1）無形中將自己放在一個較高的起點和定位上。因為你處處顯露自己的才幹和見識，人們就會產生一種心理定勢，認為你總能比別人強。一旦你有遺漏和失誤，別人輕則說你還欠火候，重則落井下石，幸災樂禍地說這是自高自大的最好報應。

（2）會過早地捲入升遷之爭。升遷之爭存在的一個普遍規律便是淘汰制，透過不斷地淘汰來實現金字塔式的職位升遷。過早地進入這個程式，就意味著有可能過早地遭到淘汰。況且有時的淘汰有可能是一種機遇和運氣，有時會是人際關係失衡後一種權宜的矯正，更甚或是一種不公平、不光彩的人為私欲的暗箱操作和利益交換。過早地捲入，可能會成為無辜的犧牲品。

（3）根基不穩，雖長勢很旺，但經不住風撼霜摧。倘若你沒有厚積薄發的底牌，卻一股腦兒地將十八般武藝悉數亮將出來，便是應了中國那句忌語：「好話不可說盡，力氣不可用盡，才華不可露盡。」一旦成強弩之末，連薄絹都穿不過，那肯定會被嗤之以鼻，逐出場外，到那時豈不心血白費、努力落空？

所以，一個人要善於去掉自己鋒芒畢露的角，這樣才能長久，才能厚積薄發。

《莊子·外篇·山木》中還有一句話叫「直木先伐，甘井先竭」。一般所用的木材，多選擇挺直的樹木來砍伐；水井也是湧出甘甜井水者先乾涸。嫉賢妒能，幾乎是人的本性，所以有才華

的人會遭受更多的不幸和磨難。

由此觀之，才華橫溢、鋒芒太露的人，雖然容易受到重用提拔，可是也容易遭人暗算，甚至引來殺身之禍。歷史上和現實生活中的這種例子比比皆是。

《三國演義》第七十二回有這樣一個故事：

楊修是曹營的主簿，是很有名的思維敏捷的官員和有名的敢於冒犯曹操的才子。

曹操曾造花園一所，造成，曹操去觀看時，不置褒貶，只取筆在門上寫一「活」字。楊修說：「門內添活字，乃闊字也。丞相嫌園門闊耳。」於是翻修。曹操再看後很高興，但當知是楊修析其義後，內心已妒忌楊修了。

又有一日，塞北送來酥餅一盒。曹操寫「一合酥」三字於盒上，放在台上。楊修入內看見，竟取來與眾人分食。曹操問為何這樣？

楊修答說，你明明寫「一人一口酥」嘛，我們豈敢違背你的命令？曹操雖然笑了，內心卻十分厭惡。

還有一次，劉備親自打漢中，驚動了許昌，曹操也率領四十萬大軍迎戰。曹劉兩軍在漢水一帶對峙。曹操屯兵日久，進退兩難，適逢廚師端來雞湯。見碗底有雞肋，有感於懷，正沉吟間，夏侯惇入帳稟請夜間號令。曹操隨口說：「雞肋！雞肋！」人們便把這當作號令傳了出去。行軍主簿楊修即叫隨行軍士收拾行裝，準備歸程。夏侯惇聽聞後大驚，請楊修至帳中細問，楊修解釋說：

「雞肋者，食之無肉，棄之有味。今進不能勝，退恐人笑，在此無益，不如早歸；來日魏王必班師矣。」夏侯惇也很信服。營中諸將紛紛打點行李。曹操知道後，怒斥楊修造謠惑眾，擾亂軍心，便把楊修斬了。

凡此種種，皆是楊修的聰明觸犯了曹操；楊修之死，植根於他的聰明才智。後人有詩嘆楊修，其中有兩句是：「身死因才誤，非關欲退兵。」這是很切中楊修之要害的。

楊修之死給我們留下了重要的啟示，怎樣身懷大用，而外示無用呢？

第一，才不可露盡。楊修是絕頂聰明的人，也算爽快，且才華橫溢，其才蓋主。這就犯了曹操的大忌。有些將帥帝王是不喜歡別人勝過自己的。我看過的一些資料說，乾隆皇帝好賣弄才情，好寫詩，寫過數萬首詩。他上朝時經常出些辭、聯考問大臣。大臣們都很聰明，明明知道那是很淺的學問或狗屁不通的對聯，也不說破，故意苦思冥想，並且求皇帝開恩「再思三日」。這意思無非是讓乾隆自己說。果然喜孜孜的皇帝說了出來，於是大臣一片禮讚之聲，把個皇帝老兒喜得不得了。

楊修犯的正是這禁忌，你處處出盡風頭，那魏王還能英明得了嗎？這不是叫人讚揚你而冷落了主人麼？這是他必死的原因之一。

第二，事不要點破。譬如雞肋，曹操正苦思於此，不知如何解脫，你捅穿這層薄紙，就是羞辱了他。

我們在日常工作中，常常遇到以下問題：有一些事，人人已想到、認識到了，卻無一人當眾說出來。這些人並非傻子，而是都學精了。人所共欲而不言，言者乃大傻也。有一句老話叫「槍打出頭鳥」。這話你爭著說，必定犯著時忌，或說中別人的痛處，這樣你就會倒楣了。楊修是歷史的一面鏡子。他的死殊為可惜，可他的死確實使後人清醒。

20. 發現「無用」的妙用與大用

【原文】

庸也者，用也；用也者，通也；通也者，得也。適得而幾矣。

——《莊子·齊物論》

【譯文】

所謂平庸的事理就是無用而有用；認識事物無用就是有用，這就算是通達；通達的人才是真正瞭解事物常理的人。恰如其分地瞭解事物常理也就接近於大道。

【人生感悟】

天與地，固然不能不說是很廣大，每個人要佔用的面積確實不過是立足之地而已。如果因為這樣，人只在小塊地上站好，卻把立足之外的廣大地方都挖到黃泉以下，那剩下的可以立足的地方還讓人站得穩嗎？

莊子曾向惠子問這個道理。惠子坦率地說，那人立足的小小地塊也不能有用了。

莊子便說：「如此說來，看上去似乎沒用的東西，其實用處大得很！」

在高明的畫家看來，敗草枯木，都可以入畫。

在高明的琴師看來，流水風聲，都可以譜成曲。

在高明的詩人看來，街頭爭吵，房中大鬧，都包含濃濃的詩意，可以入詩。

做人，應該懂得「無用」的妙用與大用，懂得「無用」才算說得上知道什麼是有用。

莊子帶著學生到山中，看見伐木工人正在砍伐樹木，卻有一棵枝葉繁茂的大樹沒有受到工人的青睞。莊子問他們何以沒有伐這棵大樹，工人回答：「這棵樹根本沒有用處。」

下山之後，莊子到一位老朋友家休息，老友相見，分外高興，連忙命兒子去殺一隻鵝款待。兒子問：「一隻會叫，一隻不會叫，殺哪一隻？」

父親說：「殺那隻不會叫的。」

第二天，學生們問莊子：「昨天山中那棵大樹因為沒有用處，所以沒有被砍伐，而主人家的鵝卻又由於沒有用而被宰殺。請問老師，您是以什麼樣的態度作為處世之道呢？」

莊子笑著說：「我將自己處於有用和無用之間，看似有用，又似無用；看似無用，又似有用。不過，這仍難免有害。如果能心懷道德待人處世，就決計無害了。」

所以，看似「有用」的其實「無用」，看似「無用」的其實「有用」。我們要明白在什麼時候應該「有用」，什麼時候應該「無用」。什麼樣的「有用」可以轉化為將來的「無用」，什麼「無用」可以轉化為將來的「有用」。現實中，我們可以從兩方面認識這個問題：

（1）最受歡迎的人，是直接「對別人有用」的人

就像莊子故事中的那隻鵝，不會叫的，被殺了；會叫的，對人有用處的，因為會叫而可以為主人看家的，免遭殺害。

李白有詩云：「天生我材必有用。」（《將進酒》）此說甚妙！無可否認，我們都不是什麼「社會棟樑」的一類，但是，我們每個人也許都有點「對某人有用」的用處。

這個「用處」是什麼，因人和因情況而異。

極具諷刺意味的地方就在這裡：你「自以為是」的長處，對某些人可能因為「沒有用處」而不被視作你的長處。相反，有些你認為不足掛齒的小事、小本領或小關係，也許對某人剛剛「有用」而使你在他心目中升值。

人都是有功利的。人際關係大部分都建築在「我認識這人有什麼用」之上。雖不明言，但想深一層，你會發現閣下的許多「朋友」，都是必要時「對你有用」的人。

不武斷地說朋友關係純粹建築在「用處」之上，卻絕對肯定你對某朋友的用處，實在是「促進他對你的友誼」的一大重要條件。

一想之下，我們不禁想到我們對「朋友們」的不少用處，包括從送禮請客，到介紹工作，介紹朋友，甚至買票和在歐洲買那邊較便宜的小對象。連「借出耳朵」聽人訴苦並予以排解，或者拿我

們的古董筆出來切磋研究，都是我們這個「不才之人」對吾友們的用處。為此這些用處肯定「有助友誼」。

問題就在這裡了。我們用我們的「用處」對一個朋友作出直接的貢獻，有時不費吹灰之力，比勤勞誠實、為人大方還省事得多。更要指出的是，我們可能不自知，原來自己可以對朋友們如此「有用」，並因自己有用成為他（她）的「好朋友」。

（2）冷廟也要燒香，因為無用之中蘊藏著有用

一般人認為冷廟的菩薩一定不靈，就因為菩薩不靈，所以成為冷廟。殊不知「瘦死的駱駝比馬大」，只要他給你一點點幫助或指點，足以改變你的命運。

所以，如果要燒香，應該去不大有人注意的冷廟，不要一味地往香火旺盛的熱廟擠。熱廟因為燒香人太多，菩薩注意力分散，你去燒香，也不過是香客之一，顯不出你的誠意，引不起菩薩特別注意，也就是說菩薩對你不會產生特別的好感，一旦有事，你去求他，他也以眾人相待，不會特別幫忙。

冷廟的菩薩就不然了，平時冷廟門庭冷落，無人禮敬，你卻很虔誠地去燒香，菩薩對你當然特別注意，認為你是他的知己，印象之好，自不待言。你雖同樣地燒一炷香，菩薩卻認為是天大的人情，一旦有事，你去求他，他自然特別幫忙，即使將來風水轉變，冷廟變熱廟，菩薩對你，還是會另眼看待，認為你不是勢利之輩。

其實不只是廟有冷熱之分，人又何嘗不是？不要以為那些無人問津的冷廟對你毫無價值，只要

你多花一點心思，就會發現，看似沒有多大用處的冷廟其實對你的價值是很大的。那麼，我們應該怎麼做呢？

首先，對已經退居二線的人不應該視為無用，應多接近並博得他們的賞識。

不要忘了你的老上級，特別是曾經對你印象很好，並熱心激勵、幫助過你的人。他們當中，有的在工作崗位上，有的已經退休了。有人認為在工作崗位上的上級很重要，並想盡辦法討好，三天兩頭地往人家家裡跑；對於已經退休在家的老上級卻不聞不問，見面時態度也非常冷淡。其實這是一種錯誤的做法。

特別是對那些退居二線但對現任領導仍能產生影響的老前輩、老上級更要多加拜訪，巧下功夫。

要設法與他們多接近並博得他們的賞識。毫無疑問，退休者最難過的是，退休後那種門可羅雀的寂寥景象，他們在心理上自然很不平衡。這時若有人肯像從前那麼尊敬他，拜訪他，他必會為之感動不已。

其次，看你的朋友當中，有沒有懷才不遇的人，如果有，這個朋友也是「冷廟」。

你應該與熱廟一樣看待，時常去燒燒香，逢到佳節，送些禮物。為求實惠，有時甚至可以送些錢，請他自己買些實用的東西。又因為他是窮人，當然不會履行禮尚往來的習慣，並非他不知道還禮，而是無力還禮。不過他雖不曾還禮，但心中卻絕對不會忘記未還的禮，這是他欠的人情債，人情債越欠越多，他想還的心越迫切。所以日後他否極泰來，他第一要還的人情債當然是你。他有清償的能力時，即使你不去請求，他也會主動還你。

一個人是否能飛黃騰達，要靠機遇。英雄落難，壯士潦倒，都是常見的事。只要一朝交泰，風雲際會，仍是會一飛衝天、一鳴驚人的。

宋孝傑是一個被偽滿政府遺棄的算盤先生。1945年日本投降後，也同時宣告偽滿政府的徹底垮台。宋孝傑作為偽滿政府財政部一等理財（會計）的飯碗也被砸爛。

1946年宋孝傑離開長春，來到五站（四平）謀生計，所謂「秀才家族」的臉面已無保，只得到人生地陌處混飯吃。在四平期間，宋孝傑結識了當地首富趙老漢。

當時趙正為孔祥熙收購黃豆。因數額巨大，而且帳目混亂、零散，趙手下的三位算盤先生，三天未算清帳目。宋孝傑靠一手「袖內吞金」的絕技，在一刻鐘之內算清，得到眾人的讚賞。

為交朋友，宋孝傑將自己的絕技傳給趙老漢的女婿陸煥章。不久，陸煥章調到孔祥熙身邊供職。後由於戰局緊張，宋孝傑輾轉到長沙，因車馬勞累，一病不起，所有積蓄均已告罄。店老闆命人將他抬到路邊等死。

恰巧，趙老漢的侄子（陳明仁的護衛官）路過，認出宋孝傑，忙打電話通知陸煥章。陸在南京，親自派人將宋接到府上養病。宋痊癒後，陸舉薦宋到孔祥熙手下做事，不久去了美國。

陸煥章退撤台灣時，遭政敵暗算，隻身一人逃到美國，求到宋孝傑門下。宋毫不猶豫慷慨解囊，幫助陸創建膠鞋廠。十幾年過去後，陸煥章重振昔日雄風，而宋孝傑的華商銀行也生意興隆。

兩人遂成生死之交。

有的人能力雖然很平庸，然而因一時時運通達，也會成為不可一世的人物。人在得意的時候，一切都看得很平常、很容易，這是因為自負的緣故。如果你的境遇地位與他相差不多，交往當然無所謂得失。但如果你的境遇地位不及他，往來多時，反而會有趨炎附勢的錯覺。即使你極力結納，多方效勞，在對方看來也很平常，彼此感情不會有多少增進。只在對方轉入逆境，以前友好，反眼若不相識，以前車水馬龍，今則門可羅雀，以前一言九鼎，今則哀告不靈，以前無往不利，今則處處不順，他的繁華夢醒了，對人的認識，也就比較清楚了。

如果你認為對方是個英雄，就該及時結交，多多交往。或者乘機進以忠告，指出其缺失，勉勵其改過遷善。如果自己有能力，更應給予適當的協助，甚至施予物質上的救濟。而物質上的救濟，不要等他開口，得隨時採取主動。有時對方很急著要，又不肯對你明言，或故意表示無此急需。你如得知情形，更應盡力幫忙，並且不能有絲毫

得意的樣子，一面使他感覺受之有愧，一面又使他有知己之感。寸金之遇，一飯之恩，可以使他終生銘記。日後如有所需，他必奮身圖報。即使你無所需，他一朝否極泰來，也絕不會忘了你這個知己。

從現在起，多注意一下你周圍的朋友，若有值得上香的「冷廟」，千萬別錯過了。

總而言之，一切都有用處，都可以助我修煉。所以，眼光不只是用來看腳下的路，還要看身邊的路；同樣，眼光不能死盯一人的某一處，而要觀察一人的多處，或者是幾個人的共同點，這才叫看問題的高手。

21. 簡單是大智慧

【原文】

大知閑閑，小知間間；大言炎炎，小言詹詹。

——《莊子‧齊物論》

【譯文】

最有智慧的人，總會表現出豁達大度之態；小有才氣的人，總愛為微小的是非而斤斤計較。合乎大道的言論，其勢如燎原烈火，既美好又盛大，讓人聽了心悅誠服。那些耍小聰明的言論，瑣瑣碎碎，廢話連篇。

【人生感悟】

莊子認為，耍小聰明的人總是把自己弄得很複雜，讓別人認為他高深莫測；而智慧的人卻很簡單，一是一，二是二，說話也不是囉裡囉唆、沒完沒了，而是字字千斤，每句話都很有說服力。

我們立身處世，亦不妨從中借鑑。簡單才是生活的大智慧，我們原本可以欲望少一些，自由多一些，過自己的生活，而且這樣的生活不需要太多的努力。

你在北京街頭中行走，一定看到過這樣一群民工，他們就在那暖洋洋的中午的陽光下，穿著破破爛爛的衣服，就那麼隨隨便便的，面對藍天躺在沙堆上，睡著的和沒有睡著的，單純的笑容是發自心靈深處的那種，明亮而璀璨。他們活著，他們沒有時間去多愁善感；他們愛著，他們卻不懂怎麼詮釋愛情；他們滿足著，因為他們沒有奢望生活過多的給予；他們簡單著，因為他們不用在人前掩飾什麼。

他們也許連幸福是什麼都不知道，然而真正快樂的卻就是這麼一群簡單的人。生活中簡單的幸福無處不在，沒樂學會找樂，沒事偷著樂。不是幸福太少，而是人類缺乏感知幸福的心靈。那些所謂「精明」的、想得太複雜的人卻沒有這麼好的命運。

印度有一位知名的哲學家，氣質高雅，因此成為很多女人的偶像。某天，一個女子來拜訪他，她表達了愛慕之情後說：「錯過我，你將再也找不到比我更愛你的女人了！」

哲學家雖然也很中意她，但仍習慣性地回答說：「容我再考慮考慮！」

事後，哲學家用他一貫研究學問的精神，將結婚和不結婚的好處與壞處，分條羅列下來，結果發現好壞均等，究竟該如何抉擇？他因此陷入了長期的苦惱之中。最後，他終於得出一個結論——人若在面臨抉擇而無法取捨的時候，應該選擇自己尚未經歷過的那一個。不結婚的狀況他是清楚的，但結婚後會是個怎樣的情況，他還不知道。對！應該答應那個女人的請求。

哲學家來到那女人的家中，問她的父親：「您的女兒呢？請您告訴她，我考慮清楚了，我決定娶她為妻！」

那女人的父親冷冷地回答：「你來晚了十年，我女兒現在已經是三個孩子的媽了！」

為什麼會出現這樣的結局？哲學家想得太多了。人生的很多事情，可以不必去聽所謂的經驗的，也不必去套用什麼嚴密的公式。你勇敢地向心上人表白了，就得到了姑娘的芳心；你橫下心做了這樁買賣，事業就興旺起來了。就這麼簡單。

生活中，有很多所謂有智慧的人，活著，每天都對著鏡子，把自己整理得纖塵不染，然後以一副微笑的面孔去從容地面對形形色色的人，不敢有絲毫的懈怠；追求著，向著一些遙不可及的目標，每天跋涉奮進，為了給自己一個生存的理由；愛和被愛著，不經意間，傷害了別人的感情也被別人的感情傷害，不敢再輕言愛情。就這樣活著。自己也不能懂得自己，自己也不能明白自己。有時，會覺得自己很難理解，就會有一種茫然的、厭倦的感覺。

他們不知道為什麼會這樣？外人也無法理解。只有莊子知道，莊子說：「才智超群的人廣博豁達，只有點小聰明的人則樂於細察、斤斤計較。」他們活得不快樂，是因為他們活得太複雜，對人生太斤斤計較了。

在街頭看到一對乞丐兄妹互相推讓分享一隻爛梨的時候，你會感到屬於窮人的幸福。回過頭來想想每天都有各式各樣水果相伴的我們，甚至還在抱怨這種好吃那種不好吃，卻永遠也感受不到那只爛梨的香甜，因為那是用愛用心靈體會出來的。無論在什麼樣的環境裡，我們擁有一雙發覺幸福的眼睛，幸福就無所不在。窮人的浪漫，簡單的幸福。

早餐時的一碗清粥，清淡的小菜，與父母一起進餐也是一種幸福。想想非洲的難民，想想中國貧困地區溫飽尚未解決的地方，能與家人粗茶淡飯地生活也是一種簡單的幸福。

有個小孩對母親說：「媽媽你今天好漂亮。」

母親問：「為什麼？」

小孩說：「因為媽媽今天一天都沒有生氣。」原來要擁有漂亮很簡單，只要不生氣就可以了。

有個牧場主人，叫他的孩子每天在牧場上辛勤工作，朋友對他說：「你不需要讓孩子如此辛苦，農作物一樣會長得很好的。」

牧場主人回答說：「我不是在培養農作物，我是在培養我的孩子。」原來培養孩子很簡單，讓他吃點苦頭就可以了。

有一隻小雞破殼而出的時候，剛好有隻烏龜經過，從此以後，小雞就打算背著蛋殼過一生。牠受了很多苦，直到有一天，牠遇到了一隻大公雞，原來擺脫沉重的負荷很簡單，尋求名師指點就可以了。

有一支淘金隊伍在沙漠中行走，大家都步伐沉重，痛苦不堪，只有一人快樂地走著，別人問：「你為何如此愜意？」

他笑著說：「因為我帶的東西最少。」原來快樂很簡單，只要放棄多餘的包袱就可以了。

生活其實很簡單，在很多時候，是因為我們的思想偏頗或不對頭，才把自己弄得手忙腳亂，頭昏腦漲。

簡簡單單的生活，簡簡單單地去發覺點滴間存在的小小幸福。無礙則無欲，無欲則無求，無怒而無敵，無怨才是「道」，所有煩惱，都是太過斤斤計較的執著。

學會簡單的生活，無欲無求地過好自己的每一天，就是幸福。

簡單，是最大的幸福！

22. 保持人際間最佳距離

【原文】

形莫若就，心莫若和。雖然，之二者有患。就不欲入，和不欲出。形就而入，且為顛為滅，為崩為蹶。心和而出，且為聲為名，為妖為孽。

——《莊子．人間世》

【譯文】

表面上不如順從依就以示親近，內心裡不如順其秉性暗暗疏導。但遷就、親附他而又不要陷入太深，隨和、疏導他而又不要過於顯露。雖然，這兩種方法仍有隱患，外表親附到關係過深，會招致顛覆毀滅，招致崩潰失敗。內心隨和疏導過於顯露，將被認為是為了爭名聲，也會招致不祥的禍害。

【人生感悟】

莊子這段話對於人與人的交往很有幫助。生活中有些事情常常是物極必反：你越是想得到他的愛，越要他時時刻刻不與你分離，他越會遠離你，背棄愛情；你多大幅度地想拉他向左，他則多大幅度地向右蕩去。

為什麼這樣呢？莊子認為，一個人可以在表面上親附，但是親附必須「不欲入」，就是不要過分地陷進去，一個人心裡要寬和，不要表現得太明顯。一個人表現出太多的寬和，你就可能會在這裡面開始博取名聲，為妖為孽，最後助紂為虐，陷入一場混亂。所以，外在可以隨和，內心也可以寬容，但這一切都是有節制的。這種節制，就是莊子所說的「外」。一個人可以做到外化，而內心一定要有分寸。沒有分寸、沒有定力的人，外在也是做不好這一切的。

所以，莊子說，親附他不要關係過深，疏導他不要心意太露。也就是說，在與人相處過程中，既不能太疏遠，也不能過於親密，應保持一定的距離，親而有間，疏而有密。

莊子其實是在提醒大家做任何事情都要注意分寸。

莊子的這條規則在處理兩類關係時應該特別注意。

一、同事間的交往

因為每個人都希望有一個沒有外人、獨立自由的空間，所以人際間的交往必須有一定的分寸，也就是保持一定的距離。

一方面，無論與同事的關係多麼的溫馨、和睦，也不要隨便把自己最隱秘的東西告訴同事，因為不知道在什麼時候，也不知道因為什麼，你們可能會變成對立的一方，而你的這些隱秘的東西就會變成他攻擊你的武器，你說的話或做的事有可能成為同事將來抓你小辮子的把柄，讓你沒有招架的餘地；另一方面，你如果把自己的老底都抖摟給同事，使他們都「看透」你，你在同事中的地位可能一落千丈。

如果你瞭解同事過多，在某個場合一不小心捅了同事不願告訴別人的事情，或傷到了同事的自尊，那你就無形中得罪了同事。

保持距離也省去了由於交往過密而帶來的副作用，交往越深，需要付出的精力和時間越多。現代人的生活時間非常有限，一天的時間安排好之後，便不願被別人打亂。

另外，同事間不要對別人的家庭私事說三道四，同事關係再親密也只有分享友情的便利而沒有「干涉內政」的權利。如果你不小心得知了同事的某些隱私，此時只有三緘其口，沉默是金，千萬不要為一時的嘴頭痛快，讓那些長舌婦們聽到成為搬弄是非的材料。所以，同事間都不互相打聽別人家的私事，也不傳播這一類的資訊，大家才會相處得更加和睦。

保持距離並不是態度冷漠，而是在理解別人的基礎上給人的一份尊重，在淡泊的關係中完成自我的人格。

所以，莊子認為，人不能總是像在自己家中那樣放任，必須頭腦清醒，看清方向，也就是要有自覺意識和理性的指引。所謂「就不欲入，和不欲出」，就是一種有意識的自我節制與約束。

比如，對於異性同事，就要注意交往的分寸。

（1）既要反對男女之間「授受不親」的傳統觀念，又要注意「男女有別」的客觀事實。男女同事之間，只要是正當的純正的工作關係，完全可以堂堂正正地往來接觸。但也不能說異性同事中間，沒有「一丁點人性」，因而明智的人要學會服從良心和社會禁忌，一舉一動都要大方得體，不能過於隨便。

（2）要從思想上和行為上分清友誼與愛情的界限。因為人總是有感情的。在友誼和愛情之間並沒有一條不可逾越的鴻溝。超過一定的限度，興許你自己也分不清哪是友誼哪是愛情了。

（3）工作之余應多在集體活動中交往。邀請對方到家裡做客，不要忘了讓同事的另一半或其他同事作陪。若是單獨相處時，一定要注意選擇好環境和場所，盡量不要在偏僻、昏暗處長談。如果在房間裡單獨相處，不要插門或鎖門，以免引起他人的猜測或誤解。

（4）女性在與男同事相處時，一定要保持自尊、自愛的美德，既要有女性的榮譽感，又要善於自我保護。作為男性，性格上則應更加謹慎，善於克制，不要動不動就發暴脾氣。

與同事相處，太遠了顯然不好，人家會誤認為你不合群、孤僻、性格高傲；太近了也不好，因為這樣容易讓別人說閒話，而且也容易使上司誤解，認定你是在拉幫結派。所以不即不離、不遠不近的同事關係，才是最合適的和最理想的。以這樣的心態處理同事關係，就不會發生什麼意外情況了。

二、夫妻關係的處理

在處理一般關係時，莊子認為要「就不欲入，和不欲出」，其實，在處理夫妻關係時也要遵守這個規則。不過這裡我們不能再理解為親附了，而是說要保持合適的距離。兩個人天天吵架，沒有一天安生的日子，這樣不好；但是，兩個人好得跟一個人似的，沒有任何的隱私，沒有任何個人的色彩，那麼，所有自己的愛好、追求、激情等等也都隨之消失，這樣就好嗎？

當然不好。莊子沒有直接說出來，但我們感受得到。

比如，多數人從小到大，都在自己的內心深處留有暫時或永遠不對別人開放的「禁區」。例如，一個丈夫可能過去同另一個女性談過戀愛，但沒有成功，可是他心中還留有對那位女性的崇敬和好感，因為對方有一些優點被他肯定和珍視，愛情未能發展，友情尚可留存。他把這種美好的友情珍藏在心裡，沒有告訴自己的妻子，是怕引起妻子的疑慮，或者是怕妻子受到刺激，這是尊重妻子的感情、愛護妻子自尊心的表現。

一位賢慧的妻子，也可能在婚前有一些朋友，其中有的人是丈夫不喜歡，或者丈夫沒有必要結識的，妻子也無須勉強讓自己的朋友全部成為丈夫的朋友。在這種情況下，妻子偶爾抽出閒暇的時間去拜訪自己的朋友，而不必花費口舌去向丈夫「請示」彙報，這也是完全可以理解的。

有的夫妻結婚後，各自在學習和工作中都發現一些值得自己敬佩的同性朋友和異性朋友，如果這樣的朋友能成為夫妻雙方交往的對象，那當然很好；但是往往由於雙方的事業領域和進取目標不同，配偶的志同道合者不可能、也不必要成為共同的夥伴，那就允許配偶在充分珍惜自己的夫妻關係和正確估量對方利益這一前提下，獨自決定與哪些人或以什麼方式交往，在交往中保持什麼分寸，等等，而不必事事向自己詳細解釋，以免弄巧成拙。

我們應該讓愛人有自己的天地，去做自己的工作，譬如與朋友小聚，集郵，或是其他的任何愛好。在你看來，對方的嗜好也許傻裡傻氣，但是你千萬不要嫉妒，也不要因為你不能領會這些事情的迷人之處而厭惡對方，你應該適時地遷就對方。

我們應當自信，真正的愛是可以超越時間、空間的。

因此，作為婚姻的雙方，在魅力的法則上，請留給彼此一個距離，這距離不僅僅包含空間的尺度，同樣包含心靈的尺度：留下你自己獨特的性格，不要與我如影隨形；留下你自己內心的隱私，不要讓我感到你是曝光後蒼白的底片；留下你一份意味深長與朦朧的神秘……不要試圖挽留我離去的腳步，不要幻想我的目光永遠專注於你，一切都應該是自然形成。

在你我之間留下一段距離，讓彼此能夠自由呼吸。

這就是莊子的態度。

23.學會接受不能改變的東西

【原文】

知不可奈何而安之若命，唯有德者能之。

遊於羿之彀中，中央者，中地也；然而不中者，命也。

——《莊子．德充符》

【譯文】

懂得事物之無可奈何，安於自己的境遇並視如命運安排的那樣，只有有德的人才能做到這一點。一個人來到世上就像來到善射的后羿張弓搭箭的射程之內，中央的地方也就是最容易中靶的地方，然而卻沒有射中，這就是命。

【人生感悟】

你相信命運嗎？很多人的回答是否定的。但莊子相信。莊子說：「知不可奈何而安之若命，唯有德者能之。」

我們並非都是像莊子那樣有智慧的人，所以無法使所有的人都相信命運。但是，命運卻是實實在在地存在著，並左右著我們的生活。

《莊子》中還有很多論述命的話，如「死生，命也；其有夜旦之常，天也。」生死如晝夜，在這裡「命」就是客觀規律，「不為堯存，不為桀亡。」有生必有死，有死必有生，如日月之交替。「子之愛親，命也，不可解於心。」這裡的「命」是天生的本性，是自然具有不需人教的。「無以人滅天，無以故滅命。」不以人為毀滅天性，不以故意損傷自然真性。這裡命和天基本同義，天命常連用，都有不以人的意志為轉移的意思。「死生，存亡，窮達，貧富，賢與不肖，毀譽，飢渴，寒暑，是事之變、命之行也。」這一切都是事物的變化，命的運行。

這絕不是唯心主義，也不是封建迷信。人生有太多的事，都是無奈的「命」。比如花開，比如花謝，比如生生死死，比如榮辱興衰。比如，兩個很恩愛的男女，卻因為雙方父母的關係，不能成為夫妻；比如，一方很愛著對方，對方卻愛著別人；比如，在咖啡廳偶然碰到一個心儀的人，卻匆匆地沒有留下一個電話。

這些，就是命運。我們唯一能做的就是面對。

一朵花綻放，即使再喜歡，也會有凋謝的一天，這是任何人都無法左右的，那麼，就在花開時，欣賞生命的綻放吧。花開總有花落，生命的自然規律，既然無法改變，就試著去接受。

生命中，過客匆匆，來來往往，走的走了，來的來了，沒有人會在我們的生命中永遠停留，就算是曾經的海誓山盟，也會有失去光彩的一天。所以我們要學會接受。

面對生活，面對無奈，要學會「安之若命」。

在莊子的眼裡，命運只是人的境遇而已。錯過花，或許能收穫雨；放下錯過的傷痛，或許收穫的是更多的快樂。

劉心武說過：人生不如意十之八九，常想八九，不思一二。是的，人生怎可能盡如人意，當我們不得不作出對生活的選擇時，請尊重自己的選擇，因為不管怎樣，這都是我們自己的選擇。當我們用盡全力，卻無法改變現狀時，我們就必須學會承受，而不是陷入這種無奈之中，那樣，無論選擇哪一面，你都不快樂。

人生是需要隨時面臨選擇與放棄的，不放下過去的傷痛，就永遠也無法嘗試新的快樂；不埋葬舊的記憶，就無法面對新的開始。你有所選擇，同時，你就有所失去。

許多事情，總是在經歷過以後才會懂得。一如感情，痛過了，才會懂得如何保護自己；傻過了，才會懂得適時的堅持與放棄，在得到與失去中我們慢慢地認識自己。其實，生活並不需要這些無謂的執著，沒有什麼不能割捨。學會放棄，生活會更容易。

有時候為了強求一樣東西而令自己的身心都疲憊不堪，是很不划算的。再者，有些東西是「只可遠觀而不可近看的」，一旦你得到了它，日子一久你可能會發現其實它並不如原本想像中的那麼好。如果你再發現你失去的和放棄的東西更珍貴的時候，相信你一定會懊惱不已。有這樣的一句話「得不到的東西永遠是最好的」，所以當你喜歡一樣東西時，得到它並不是你最明智的選擇。

有一首歌這樣唱：「原來暗戀也很快樂，至少不會毫無選擇」；「為何從不覺得感情的事多難負荷，不想佔有就不會太坎坷」；「不管你的心是誰的，我也不會受到挫折，只想做個安靜的過客。」所以，無論是喜歡一樣東西也好，喜歡一個人也罷，與其讓自己負累，還不如輕鬆地面對，即使有一天放棄或者離開，你也學會了平靜。

不要怕生命中的無奈，這是我們生命中所應承受的考驗，在我們作出選擇的時刻，我們也會更瞭解自己，更加清楚自己想要什麼，自己會得到什麼。

生命如此，學會選擇，學會承受，學會改變，學會釋懷，學會遺忘，學會面對，學會讓自己快樂，學會面對無奈的來臨，就如我們的生命本應如此一樣。

24. 可望不可求的知己

【原文】

自夫子之死也，吾無以為質矣！吾無與言之矣。

——《莊子．徐無鬼》

【譯文】

自從惠子死後，我沒有可以匹敵的對手了！也沒有可以與之辯論的人了！

【人生感悟】

人生得一知己足矣，所謂的知己在認識的時候，並不因為富有，也不因為地位的顯貴和出眾的容貌，而是一種心靈的接受，一種精神世界的相通。知己可以是朋友，也可以是對手，甚至可以是敵人。

世人很難做到這一點，多數人相信「只有永恆的利益，沒有永恆的朋友」，只有利益是永恆的，朋友和敵人都是可以轉換的。「與勢相交者，勢傾而交斷；與利相交者，利窮而義絕。」

像莊子這樣絕頂聰明的人，要想找到一兩個知己，那就更不容易。平常能夠談得來的朋友，除了惠子之外，恐怕不會再有其他的人了。他們都好辯論，辯才犀利無比；他們亦很博學，對於探討知識有濃厚的興趣。

惠子喜歡倚在樹底下高談闊論，疲倦的時候，就據琴而臥（「倚樹而吟，據槁梧而瞑」），這種態度莊子是看不慣的，但他也常被惠子拉去梧桐樹下談談學問（「惠子之據梧也……」），或往田野上散步。一個歷史上最有名的辯論，便是在他們散步時引起的：

莊子和惠子在濠水的橋上遊玩。

莊子說：「小白魚悠閒地遊出來，這是魚的快樂啊！」

惠子問：「你不是魚，怎麼知道魚是快樂的？」

莊子回說：「你不是我，怎麼知道我不曉得魚的快樂。」

惠子辯說：「我不是你，固然不知道你；以此而推，你既然不是魚，那麼，你不知道魚的快樂，是很明顯的了。」

莊子回說：「請把話題從頭說起吧！你說『你怎麼知道魚是快樂的』云云，就是你知道了我的意思而問我，那麼我在濠水的橋上也就能知道魚的快樂了。」

莊子對於外界的認識，常帶著觀賞的態度。他往往將主觀的情意發揮到外物上，而產生移情同感的作用。惠子則不同，他只站在分析的立場，來分析事理意義下的實在性。因此，他會很自然地懷疑到莊子的所謂「真」。

他們兩人，在現實生活上固然有距離，在學術觀念上也相對立，但在情誼上，惠子確是莊子生平唯一的契友。在《莊子．徐無鬼》中，記載了一段文字，這也是惠子死後，莊子寫的紀念詞，大意是：

有一個叫「郢」的地方，那裡有個人把白堊泥塗抹在他自己的鼻尖上，像蚊蠅的翅膀那樣大小，然後再讓石匠用斧子砍削掉。

石匠揮動斧子，輕鬆自如地砍削著，鼻尖上的泥完全除去而鼻子卻一點也沒有受傷，郢地的人站在那裡也若無其事，神態自若。

這件事讓宋元君知道了，馬上召見石匠，說：「讓我來試一試，你削削我鼻尖上的泥如何。」

石匠回答道：「我確實曾經能夠砍削掉鼻尖上的小白點。但是，我砍削的對象已經死去很久了呀。」

惠子死後，莊子再也找不到可以對談的人了。

這一點很像中國最偉大的友誼故事：俞伯牙摔琴謝知音。

春秋時代，大夫俞伯牙在歸晉國途中，中秋遇雨，不得已在江邊逗留。瑤琴一曲，仙樂飄飄，喚來了知音布衣鐘子期。《高山》曲罷，又是一曲《流水》。音樂的絲線，使得兩個素昧平生的人結拜為兄弟，相約明年此時此地再會。哪知翌年歸來，物是人非，如約迎接俞伯牙的是鐘子期的孤墳一座。俞伯牙遂割弦摔琴以謝知音。

魯迅曾言，人生得一知己足矣。這個知己是別人所無法代替的。知己，人生也許只要一個，有的人一生甚至連一個也沒有遇到。

莊子對知己的認識，對於我們交朋友也很有啟發。這就是朋友在於精，而不在於多。

交朋友是一個慎重的問題，如有不慎，受傷害的還是自己。古今中外因為交友不慎而深受其害的事例數不勝數，在西方基督教故事中，猶大是耶穌的第十三個弟子，教規上兩個人是師徒關係，但生活中又是親密的朋友關係，但是耶穌卻由於猶大的出賣而被釘在了十字架上，命運悲慘。

因此交友要慎重，又要有所選擇。交友就像選擇鄰居，選擇好的鄰居就是選擇好的生活環境，有了好的生活環境才能擁有美好的生活方式；否則，生活將會受到壞鄰居的影響，不得安寧，更談不上自己對於安靜祥和的生活的追求。路遙知馬力，日久見人心，交朋友不在於一時一刻的親密，而在長久地保持一種互相支持互相關愛的關係。

有的人朋友很多但都是狐朋狗友，有的人朋友很少但卻知心知己，兩類不同的朋友，兩種不同的境界，前者如肥肉膏腴，吃時味濃，但很快就會被忘卻了味道；後者卻如五穀雜糧，吃時味淡，但卻越嚼越香經久不衰。正所謂小人之交甜如蜜，君子之交淡如水，誠然，真正的友誼不在乎有多少甜言蜜語，而在於心靈的相通，精神的共鳴。

患難見知交，朋友之間無論平時怎樣，總歸是沒經過磨難的考驗，只有在磨難面前依然攜手共勉的才是真朋友。有的朋友平日裡對你噓寒問暖，甜言蜜語，宛若這個世上唯有他最關心你，但大難當頭最先離你而去的也是他，這樣的人不是你的朋友，交這樣的朋友也算人生一大敗筆。

知己難得，難就難在可望不可求。相遇、相識、共苦、共難、相信、相知、真誠、真情、相依、相處，很多精神上，環境上的煎熬和災難才能使人心心相映，攜手度過。但是，不是一般人都能獻出真心、真情的。由於人們的思維，行為都在利益的驅動下去行事，知己很難得到。

對於人生的知己，我們只有抱著這樣的態度「得之我幸，失之我命」。

25. 不攀不比做自己

【原文】

而彭祖乃今以久特聞，眾人匹之，不亦悲乎？

——《莊子．逍遙遊》

【譯文】

可是彭祖到如今還是以長壽而聞名於世，人們與他攀比，豈不可悲可嘆嗎？

【人生感悟】

彭祖在中國是長壽的代名詞，據古代典籍記載，彭祖是顓頊的玄孫，相傳他歷經唐虞夏商等代，活了八百多歲。

莊子在《大宗師》中高度讚揚彭祖為得道之人。「夫道……彭祖得之，上及有虞，下及五伯。」

除了莊子，春秋戰國時期的很多思想家都在自己的著作裡提到了這位八百歲的壽星。荀況在《荀子·修身篇》中稱道彭祖在治氣養生方面的貢獻。著名雜家呂不韋在《呂氏春秋》一書中多次肯定彭祖的醫世之功，把「彭祖至壽」同「天子至貴」、「天下至富」相提並論。

此外，《列子》和西漢劉安《淮南子》等著作中，亦多次言及彭祖，足見彭祖影響之大。

在這些賢人的眼中，彭祖為得道之人，為集上古養生術大成之人，為罕見長壽之人。

如果我們要和彭祖比長壽，那不是很可笑的事情嗎？但是這世界上到處都是「和彭祖比長壽」的人，也許你就是其中的一位。

莊子認為，世上萬物不能相比，相比就失去了事物原本存在的意義。比如與清晨的菌類比較，寒蟬是長壽的；與寒蟬比較起來，大龜把五百年當作春，把五百年當作秋，是長壽的；與大龜比較，上古有叫大椿的古樹，它把八千年當作春，把八千年當作秋，是長壽的。菌類、寒蟬與大龜、古樹比較起來是短命的，但菌類、寒蟬依然活得滋潤，活出了「自我」。

所以，人生正確的態度應該是不攀不比做自己，不濃不烈自清香，他人夏日怒放我獨睡，他人秋日無蹤我獨香。

不攀不比是莊子思想的一個重要組成部分。對於這個問題，《莊子·秋水》中還有這樣一個故事：

夔（ㄎㄨㄟˊ）對蚿（ㄒㄧㄢˊ）說：「我用一隻腳跳著行走，沒有誰比我更簡便的了。現在你使用上萬隻腳行走，還不是一樣？我哪裡比你差呢？」

蚿說：「我只是啟動我天生的機能而行走，不過我也並不知道其中的道理。」

蚿對蛇說：「我用很多的腳行走反倒不如你沒有腳走得快，這是什麼原因呢？」

蛇說：「我只是依靠天生的機能而行動，我哪裡用得著腳呢！」

蛇對風說：「我運動我的脊柱和腰肋而行走，還是像有腳行走的樣子。如今你呼呼地從北海掀起，又呼呼地駕臨南海，卻沒有留下有足行的形跡，這是什麼原因呢？」

風說：「是呀，我呼呼地從北海颳到南海。可是人們用手來阻擋我，或者用腿腳來踢踏我而我確也無能為力。但是，折斷大樹、掀翻高大的房屋，卻是我的拿手好戲，而這就是細小的方面不求勝利而求獲得大的勝利。獲取大的勝利，只有聖人才能做到。」

這最大的勝利，就是得到自己。夔羨慕蚿，蚿又羨慕蛇，蛇又羨慕風，風羨慕眼睛，眼睛羨慕心靈。這都是不對的。不必羨慕他人，我們自身是最好的。人比人，氣死人。不必比，我們自己是他人無法取代的，是無與倫比的，獨一無二的。

要比，就自己比自己。用現在的我比昨天的我，用大的我比昨天的我，用開心的我比不開心的我，你就會發現自己確實進步了，現在的我確實是

最好的。

人們通常認為「明天會更好」，其實，現在才是最好的。

每個人都存在著深刻的「自我」意識，並且具有一定的「虛榮心」。在這些因素的引導下，一些人追求「別人有的我要有，別人沒有的我也要有」，結果陷入了一種相互攀比的風潮中。一想到自己的處境，一想到別人的老公（老婆）怎麼好，再看看自己家這位，真是氣不打一處來。久而久之，好脾氣變成壞脾氣，性情溫柔、善解人意的人也會變得暴躁、苛刻。

說到底，罪惡的根源就在於「攀比」，而「攀比」與競爭似乎有著某種聯繫，但是它是一種不正常的競爭心態，必須加以克服。消費上的攀比會導致奢侈浪費，名聲上的攀比會讓我們心浮氣躁，財富上的攀比會讓我們失去人生方向。為此，我們要培養自己不攀比的心態。

（1）明白自己真正需要的東西是什麼。一些人在攀比的過程中陷入了無法自拔的境地，是因為他們始終沒有明確自己需要什麼，結果只能是迷失自我。

（2）利用好攀比心態，使它沿著正確方向發展。事實上，每個人都有一定的攀比心理，我們要善於引導，比如在學習上比成績，在工作中比業績，都是不錯的選擇。

（3）當面對明顯的對比反差時，勿過分計較個人得失，應從大局出發，讓理智有效地控制感情，平和心態，這樣有助於避免不良心態的滋生和發展。在明顯不公的情況下，只要胸懷大局，個人待遇上的一些差別就會顯得微不足道，心態就能恢復平和，在言行上作出得體的選擇。

（4）如果非想比就向下比較。有人說，你這是在教我們學阿Q。是的，但把人生幸福和阿Q

混在一起，可以使你能夠獲得一個好心情。不想當元帥的士兵不是一個好士兵，不想當船長的水手不是一個好水手。但是很遺憾，只有一個人能當船長，你要想當船長只有把別人都扔到海裡去。大家都這樣想，結局是船上只剩下一個人，可能還不是你。

所以，無論如何都要記住，人最重要的是活出自己，不是比過別人。

26. 接受既成事實

【原文】

人之有所不得與，皆物之情也。

——《莊子．大宗師》

【譯文】

有些事情人是不能按自己的意志來改變的，這就是萬物之理。

【人生感悟】

莊子認為，事物有其自身的發展規律，非人所能為，包括自身的生死，因此，在不可變更的事實面前，人應該學會適應。

我們生活中，有許多不想接受的事實。什麼叫事實？事實就是不依賴於你的主觀願望而客觀存在的東西。對它來說，你喜歡，它存在；你不喜歡，它也存在。無論你是否喜歡，它會按照自己的規律存在。

在事實面前，人們往往變得非常渺小。面對不願發生的事和不可避免的壞事情，用積極主動的心態去面對它，也可以讓自己快樂地生活。

一位很有名氣的心理學教師，一天給學生上課時拿出一隻十分精美的咖啡杯，當學生們正在讚美這只杯子的獨特造型時，教師故意裝出失手的樣子，咖啡杯掉在水泥地上成了碎片，這時學生中不斷發出了惋惜聲。

教師指著咖啡杯的碎片說：「你們一定對這只杯子感到惋惜，可是這種惋惜也無法使咖啡杯再恢復原形。今後在你們的生活中發生了無可挽回的事時，請記住這只破碎的咖啡杯。」

這是一堂很成功的素質教育課，學生們透過摔碎的咖啡杯懂得了，人在無法改變失敗和不幸的厄運時，要學會接受它，適應它。如果我們不接受命運的安排，也不能改變事實分毫，我們唯一能改變的，只有自己。

在成長的歲月中，你我一定會碰到一些令人不快的人和事，它們既然是這樣，就不可能是別的樣子。但我們也可以有所選擇。可以把它們當作一種不可避免的情況加以接受，並且適應，否則憂慮會毀了我們的生活，甚至最後可能會弄得精神崩潰。

比如，生活中，誰都會遇到令人不愉快的事：好不容易得到了上司的賞識，他卻又調往別處；全力以赴做了投標書卻因為最後一個資料沒有核實而失去了機會……與其讓這些無可挽回的事實破壞我們的情緒、毀壞我們的生活，還不如讓自己對這些事情坦然接受，並加以適應。要記住，有些時候後悔是無濟於事的，我們已經失去了很多，只要不再失去教訓就行。

面對不可避免的事實，美國詩人惠特曼這樣說：「讓我們學著像樹木一樣順其自然，面對黑夜、風暴、飢餓、意外等挫折。」這不是逆來順受，也不是不思進取，而是要一種積極的人生態度。接受事實，並不代表被事實壓垮，如果事情是不可避免的，不可能再有任何轉機，那麼，為了保持我們的理智，讓我們不要「左顧右盼，無事而憂」。

人在無法改變不幸或不公的厄運時，要學會接受不可改變的現實，適應它。接受事實是克服任何不幸的第一步。

因此，我們主張：盡力改變我們所能改變的部分；對於無法逃避的事實，我們唯一能做的，就是爽爽快快地去接受它。

已故的美國著名作家布斯·塔金頓（*1869-1946*）總是說：「人生的任何事情，我都能忍受，只除了一樣，就是瞎眼。那是我永遠也無法忍受的。」

然而，在布斯·塔金頓*60*多歲的時候，他的視力減退，一隻眼幾乎全瞎了，另一隻眼也快瞎了。他最害怕的事終於發生了。

塔金頓對此有什麼反應呢？他自己也沒想到他還能覺得非常開心，甚至還能運用他的幽默感。他的眼前總是會有些飄浮的斑點在妨礙他的視線，可是當最大的一個斑點掠過眼前時，他會說：「嗨，老祖父又來了，我正想著整個早上他都上哪兒去了呢？」

塔金頓完全失明後，他說：「我發現我能承受我視力的喪失，就像一個人能承受別的事情一樣。要是我五個感官全喪失了，我也知道我還能繼續生活在我的思想裡。」

為了恢復視力，塔金頓在一年之內做了12次手術，為他動手術的就是當地的眼科醫生。他知道他無法逃避，所以唯一能減輕他受苦的辦法，就是爽爽快快地去接受它。他拒絕住在單人病房，而住進大病房，和其他病人在一起，他努力讓大家開心。

動手術時他盡力讓自己去想他是多麼幸運：多好呀，現代科技的發展，已經能夠為像人眼這麼纖細的東西做手術了。

一般人如果要忍受12次以上的手術和不見天日的生活，恐怕都會變成神經病了。可是這件事教會塔金頓如何忍受，這件事使他瞭解，生命所能帶給他的，沒有一樣是他能力所不及而不能忍受的。

如果換個角度思考，從事物積極的一面來考慮，你就會快樂得多，然後在能產生高價值的事情上集中精力，反而能夠得到更多的收益。這種心理才是積極的。那麼，你是否應該反省一下自己的思維方式呢？

如果你不死心，仍然試圖改變那無法改變的部分，那麼你註定只會浪費寶貴的時間和短暫的生命。所以，我們應該在那些能夠改變，而且一定要在可以改變的部分上多花工夫、多做些努力！

接受現實，並不等於束手接受所有的不幸。只要有任何可以挽救的機會，我們就應該奮鬥。但是，當我們發現形勢已不能挽回時，我們最好就不要再思前想後，拒絕面對。要接受不可避免的事實，只有如此，才能在人生的道路上掌握好平衡。我們每個人遲早要學會這個道理，那就是我們只有接受並配合不可改變的事實。

如果你不想被殘酷的現實擊倒，請記住：先接受無法改變的事實。

27. 懂得裝傻，就並非傻瓜

【原文】

知其愚者，非大愚也；知其惑者，非大惑也。大惑者，終身不解；大愚者，終身不靈。

——《莊子．天地》

【譯文】

自認為愚昧的人，並非最大的愚昧；自認為自己迷惑的人，並非最大的迷惑。最迷惑的人，一生也未明白過來；最愚昧的人，一輩子也不會清醒。

【人生感悟】

莊子認為，一個人知道自己的愚昧、迷惑，本身就是一種清醒。換句話說，用愚昧、迷惑來掩飾自己的聰明，這樣的人才是真正的聰明。作為老子哲學範疇的「道」，是那種「視而不見，聽之不聞，拂之不得」的似糊塗又非糊塗、似聰明又非聰明的境界，人依於道而行，大直若曲，大巧若拙，大辯若訥，大智若愚，就能大成。

大智若愚是一種高明的處世智慧。商代末期，商紂王通宵喝酒而忘記了當時是什麼日子，問左右的人，都不知道，派人去問箕子，箕子對他的從人說：「身為一國的主人，而讓一國的人們都忘記了月日，國家就很危險了。一國的人都不知道，而只有我一個人知道，我也就更危險了。」於是箕子對使者推辭說自己喝醉了酒，也記不清是什麼日子了。

近人陶覺說：「做人須帶一份憨，一份痴；不憨不能犯大難，不痴無以處濁世。凡患得患失之人，正是太聰明耳。」

這正如喝酒，真醉和裝醉是完全不同的兩種情況，愚者和裝愚者是截然相異的兩種人。玩「醉拳」的，是「形醉而神不醉」，「醉」是「醉」在「虛」處，是迷惑對手，而「拳」卻擊在「實」處，招招乃致命殺手。裝愚的，是「外愚而內不愚」，「愚」是「愚」在皮毛小事，不涉宏旨，無關大局，而「精」卻「精」在節骨眼上，事關一生命運。

所以，絕頂聰明的人不喜歡賣弄自己的聰明，以免讓別人窺視自己的真實意圖；相反，他們更多的時候是扮有一份憨，帶著一份痴，揣著明白裝糊塗，不讓別人看透內心。

從前，有一種名叫鬥雞的賭博遊戲，這種遊戲在各國的宮廷裡十分流行。帝王將相們在酒足飯飽以後，無所事事，常常用鬥雞來消磨時光，比賽輸贏，從中取樂。

齊國的國王特別愛好鬥雞的賭博遊戲，他雖然也飼養一些鬥雞，卻因為馴養得不好，總是失敗。於是齊王便下令張榜招募馴養鬥雞的能手，紀渻子是一個專職馴養鬥雞的專家，遠近聞名，他應召去給齊王馴養鬥雞。

紀渻子馴養鬥雞十天，齊王便迫不及待地催問說：「馴養成了嗎？」

紀渻子回答說：「還不行。這雞沒有什麼本領卻很驕傲，仗著傲氣，躍躍欲試。」

又過了十天，齊王又問：「怎麼樣？現在成了吧？」

紀渻子說：「還不行啊！牠聽到其他雞的叫聲，見到其他雞的影子，反應得特別迅速。」

齊王說：「怎麼，反應迅速還不好嗎？」

紀渻子說：「反應迅速，說明牠取勝心切，火氣還沒有消除。」

又過了十天，齊王再一次問道：「怎麼樣了？現在難道還不成嗎？」

紀渻子說：「現在差不多了。別的雞雖然鳴叫著向牠挑釁，牠好像沒聽到似的，神態自若，毫無變化。不論遇到什麼突然情況，牠都不驚不慌，一副呆頭呆腦的樣子，好像木頭做的雞，牠已具備了鬥雞的一切特性了！別的雞看到牠這副模樣，沒有敢與牠鬥架的，遇到牠掉頭就逃跑。」

齊王把這隻鬥雞帶到鬥雞場上，果然每鬥必勝。

現實生活中，「憨」的用法很簡單，難的是對世態人情的理解。因此，對於那些對人性人情沒有深刻認識的人來說，一般都不敢使用這個方法，即使用了，也會心存疑慮，畏畏縮縮的。結果，當然達不到自己的目的。

有勇氣的人才敢「憨」。當「傻子」的時間越長，得到的利益越多。對於商人來說，賺得利益，是最重要的，只要合法，無所不為。更何況現在的「憨」是「實在」的代名詞！

有智慧的人肯「憨」，主動當「傻子」是善於抓心理弱點的智慧。當你自願顯得有點「傻」時，別人既喜歡和你在一起襯托出自己的聰明，又不用擔心你有深藏的企圖。在所有商人都在力求更精明的時候，反其道而行之，不能不說是一種智慧。

只有目光遠大者才敢「憨」。很多商人在交易過程中看到了眼前的蠅頭小利，「不拿白不拿」，「不吃白不吃」。有小便宜就佔，有小虧就躲，這樣的人只看到了暫時，而別人也看出了這種人的貪婪和精明。在商場上，沒有人願意和太精明的人合作，因為那樣會顯得自己很傻，總讓別人佔小便宜畢竟是一件讓人覺得不舒服的事；反倒是甘願吃點小虧的人能夠吸引更多的合作者，能保持相對長久的合作關係，如此這般自然能獲得豐厚長遠的利益。

在政治風雲中，有時當危險要落到自己頭上時，扮有一份憨，帶著一份痴，還可以達到逃避危難、保全自身的目的。

我國古代著名的軍事大師孫臏，遭到龐涓暗算後，身陷絕境。然而孫臏不向惡勢力妥協，他決定佯狂詐瘋，使龐涓放鬆對他的警惕，然後再圖逃脫之計。

一天龐涓派人送晚餐給孫臏吃，只見孫臏正準備拿筷子時，忽然昏厥，一會兒又嘔吐起來，接著發怒，張大眼睛亂叫不止。龐涓接到報告後親自來查看，只見孫臏痰涎滿面，伏在地上大笑不止。過了一會兒，又號啕大哭，龐涓非常狡猾，為了考察孫臏瘋癲的真假，命令左右將他拖到豬圈中，孫臏披髮覆面，就勢倒臥豬糞污水裡。此後龐涓雖然半信半疑，但對孫臏的看管比以前大大地鬆懈了。孫臏也終日狂言誕語，一會兒哭一會兒笑，白天混跡於市井，晚上仍然回到豬圈之中。

過了一些天，龐涓終於相信孫臏真的瘋了，這才使孫臏不久得以逃出魏國。

「伴有一份憨，帶著一份痴」，歷來被推崇為高明的禦人之道。只要你懂得裝傻，你就並非傻瓜，而是大智若愚。

人人都願意做一個聰明的人，不願意成為一個糊塗的人。但是有時候還需要一些「難得糊塗」的精神。因為這種「糊塗」才是頂級的聰明。其實，有的時候，一點點的「糊塗」和人情味比十足的「太精明」更容易得到回報。

28. 萬事掛懷，只會半途而廢

【原文】

夫適人之適而不自適其適，雖盜蹠與伯夷，是同為淫僻也。

——《莊子・駢拇》

【譯文】

貪圖達到別人所達到的目標而不安於自己所應達到的目標，無論盜蹠與伯夷，都同樣令人不齒。

【人生感悟】

莊子認為，一個人無論貴賤高低，都應該認清自己，不要崇尚自己達不到的境界，徒增煩惱。應該在現實中學會享受真實的自己。只要專注下來，一心一意地去做事，你就會變得快樂而又有成效，也不會被那麼多的目標所淹沒。

因為你不再有什麼負擔和壓力，你是清醒的。清醒的你，是在你自己的軌道上運行。只有在自己軌道上運行的人，才不會受到外界的擺佈。

美國一位著名心理學家認為：現代人之所以活得很累，心裡很容易產生挫折感和種種焦慮，甚至不快，是因為他們思想之迷失和被淹沒在各種目標中的結果。

現代人常把自己的思緒搞得如同一團亂麻，卻很少有人進行必要的自我調節。在這種混亂的生活狀態中，人的內心漸漸失去平衡，變得沒有條理，生活的目的也跟著盲目起來。他們不知道自己所為何來，也不知道自己終將怎樣。他們的想法很多，卻不知從何著手。他們的思維混亂，長久下去便會產生心理疾病，從而又影響到了健康。人如果總是這樣，就沒有幸福可言，並會失去最主要的東西及眼前的一些機會，變成「為明天而明天」的痛苦者。

《孟子．告子上》中有這樣一個故事：

有兩個學生拜弈秋為師學習下棋。其中一個學生每次聽課都全神貫注，一心一意地聽弈秋講解棋道；而另一個學生雖然很聰明，但上課時總是心不在焉，而且他今天想學下棋，明天又想學畫畫，不時地有新想法冒出來。

一次上課時，有一群天鵝從他們頭上飛過，那個專心的學生連頭都沒有抬一下，渾然不覺。而心不在焉的學生雖然看著也像是在那裡聽，但心裡卻想著拿了箭去射天鵝，而且想著有一天要做一名出色的弓箭手。

若干年後，那位專心致志的學生成了一名出色的棋手，而另一位呢，卻一事無成。

一般情況下，人對生活的迷失都是所要或所想的太多，而又一時達不到目標造成的。這種想法使很多人不能將精力專注於一項事業，他們總是目標多多，反而錯過了許多近在眼前的景色，丟掉了一些可以馬上把握的機會。

有一次，柏拉圖的老師給柏拉圖出了一個難題。老師叫柏拉圖到麥田裡摘回一棵全麥田裡最大最金黃的麥穗；要求是只能摘一次，並且只可以向前走，不能回頭。柏拉圖於是照著老師的話做。結果，他兩手空空地走出麥田。

老師問他為什麼摘不到，他說：「因為只能摘一次，又不能走回頭路，其間即使見到一棵又大又金黃的，因為不知前面是否有更好的，所以沒有摘；走到前面時，又發覺總不及之前見到的好，原來麥田裡最大、最金黃的麥穗，早就錯過了。於是，我便什麼也摘不到。」

每天都花一點點時間問一下自己的內心：你真正想要的是什麼？什麼才是你人生中最主要的？慢慢地，你會發現，那些遙遠的不切實際的東西都是你行動的累贅，而那些離你最近的事物才是你的快樂所在。把精力集中在最能讓你快樂的事情上，別再胡思亂想偏離正確的人生軌道。

一位青年滿懷煩惱地去找一位智者。他大學畢業後，曾豪情萬丈地為自己樹立了許多目標，可是幾年下來，依然一事無成。他找到智者時，智者正在河邊小屋裡讀書。智者微笑著聽完青年的傾訴，對他說：「來，你先幫我燒壺開水！」

青年看見牆角放著一把極大的水壺，旁邊是一個小火灶，可是沒發現柴火，於是便出去找。他在外面拾了一些枯枝回來，裝滿一壺水，放在灶台上，在灶內放了些柴火便燒了起來。可是由於壺太大，那捆柴火燒盡了，水也沒開。於是他跑出去繼續找柴火，等找到了足夠的柴火回來，那壺水已涼得差不多了。這回他學聰明了，沒有急於點火，而是再次出去找了些柴火。由於柴火準備得足，水不一會兒就燒開了。

智者忽然問他：「如果沒有足夠的柴火，你該怎樣把水燒開？」

青年想了一會兒，搖搖頭。智者說：「如果那樣，就把壺裡的水倒掉一些！」

青年若有所思地點了點頭。智者接著說：「你一開始躊躇滿志，樹立了太多的目標，就像這個大壺裝的水太多一樣，而你又沒有足夠多的柴火，所以不能把水燒開。要想把水燒開，你或者倒出一些水，或者先去準備柴火！」

青年頓時大悟。回去後，他把計畫中所列的目標去掉了許多，留下最迫切的幾個，同時利用業餘時間學習各種專業知識，幾年後，他的目標基本上都實現了。

只有刪繁就簡，從最近的目標開始，才會一步步走向成功。萬事掛懷，只會半途而廢。另外，我們只有不斷地撿拾那些「柴火」，才能使人生逐漸加溫，最終讓生命沸騰！

29.大事「有為」，小事「無為」

【原文】

君子不得已而臨蒞天下，莫若無為。無為也，而後安其性命之情。

——《莊子．在宥》

【譯文】

君子如果是被迫不得不稱王的話，治國最好的方法那是無為。因為無為方能使天下萬物保持其自然的本性與真情。

【人生感悟】

莊子認為，無為，然後能無不為，故而才能有作為。統治者應該以清靜無為、無欲無爭、規正自身，人民就自然地回歸於純樸，社會就自然地趨於安定，自會呈現國富民安的太平世界。

有為與無為兩個看似相反的作為，其實是相互貫通的。順應客觀，無為而治，並非完全聽天由命，任人擺佈，而是在順應客觀的同時，主動地、策略地、樂觀地、自覺地去駕馭現實環境中所遇到的矛盾，並制定合理的方針、策略。

所謂「無為而治」，其實是貌似無為，實則有為；眼下無為，長遠有為的一種為政策略。

老子說：「以無事取天下，吾何以知其然哉？以此：天下多忌諱，而民彌貧；民多利器，國家滋昏；人多伎巧，奇物滋起；法物滋彰，盜賊多有。」其意為，禁令越多，人民越貧；技術越進步，社會越混亂；法令越完備，犯罪者越滋生。為此，他奉勸領導者們要「無為而民自化，好靜而民自正，無事而民自富，無欲而民自樸。」

莊子繼承《老子》政治論的精髓，一言以蔽之，即「無為」。

這種「無為」如果用在領導的管理方面，主要有以下三個方面的作用：

（1）盡量讓下屬發揮自己的聰明才智，作為領導者應盡量少施行命令或指示；

（2）給下屬自由的思考和休息的時間，不要實行使下屬負擔過重的政策；

（3）給下屬充足的發揮空間，對下屬的各種活動盡量避免介入或干涉。

但這並不是說領導者對一切都不管，而是要領導者隨時留心下屬的動向。口出怨言或者發牢騷、自嘆倒楣的領導者並不稱職。因為無論工作多麼辛苦，都是自己應負的責任，所以表面上不應顯出痛苦的樣子，而要以悠閒自在的精神狀態面對下屬。

「有為而治」和「無為而治」符合辯證法的原理。「有為」是手段，「無為」也是手段，

「治」才是目的。表面看來，「有為」和「無為」似乎是不相容的，但作為工作方法來看，它們能夠殊途同歸，共同達到「治」的目的。

隨著社會生產的高度發展，生產規模的擴大和部門層次的增多，一個高層（相對來說）的領導者即使精明強幹，能力超群，也是無法事必躬親，樣樣「有為」的。他必須忽略可以忽略的東西，做到大事「有為」，小事「無為」。

那麼，領導者如何做好「有為」與「無為」呢？

首先，領導者只需在事情的開始階段表現出「有為」來。實踐證明：很多事情不必高層領導者躬親其過程，而只需要在開始表示一個態度就可以了。這種表態可叫「拍板」，也可叫「決策」，算是「有為」的舉動。高層領導者僅在工程之始參加的「奠基儀式」、「開工動員」等亦屬於此類性質。

有一個企業的CEO，是一位非常敬業的企業家。她事無巨細，事必躬親。公司裡的事，無論大小，她都要親自過問。她手下有五個副總級的幹部，但她不放心，不放權，一個人忙得團團轉，身體累垮了，企業還是不斷出問題。

一個人的精力是有限的。你不可能什麼都想得到而又什麼都不想失去。你必須學會選擇，學會放棄。這就要「有所為，有所不為」。

其次，高層領導者只需在事情的中間環節上表現出「有為」來。此時的「有為」，是為了引導、完善群眾運動，促使高潮的到來。而當高潮形成後，他應當奔向新的目標，在新的領域開始自己的「有為」。

莊子指出一切有為之治都會使天下之人「淫其性」而「遷其德」，因此「君子不得已而臨蒞天下」就應當「莫若無為」。雖然莊子的「有所為，有所不為」主要只針對統治階級管理百姓來說的，但對我們平常人也很有意義。在現實生活中，我們經常面臨著「有所為，有所不為」的選擇。比如選擇從官場下海，這就意味著我將失去「當官」時的風光、虛榮、地位、悠閒的生活、良好的福利、對家庭的蔭蔽等等；選擇要成為一名成功的職業經理人，這就意味著我將放棄以前愛好的文學，甚至不再有時間看電視連續劇，以集中精力學習企業管理等方面的著作；選擇了到沿海工作，這就意味著我將失去與妻女、老母和家人的團聚，失去許多過去的朋友。

每個人一生都會遇到很多誘惑，很多機會。只有那些敢於拒絕誘惑，善於放棄某些機會的人，最終才會成功。

明朝的呂坤在《呻吟語．人品》中說到「有所不為，為必成」！「為」與「不為」是事物對立的兩個方面，有所不為才能有所為，有所不為便能「為必成」，有所不為是大有所為的必要前提。相反，如果不分主次、輕重、緩急，任何事情都「為」，其結果必然是「無為」又「無成」。

「有所為，有所不為」是一種能力，更是一種境界，一種智慧。與「捨得」有異曲同工之妙。「捨得」「捨得」，有捨有得，不捨不得；小捨小得，大捨大得。

「有所為，有所不為」，最難得是「有所不為」。「有所不為」意味著放棄，而放棄往往是一件非常痛苦的事情。因為放棄意味著失去某些既得的利益，如地位、名譽、福利、家庭等等。而這些在某些人眼裡往往是趨之若鶩的東西，怎能棄之不要呢？因此，「有所為，有所不為」要求我們權衡輕重、利害、得失，作出正確選擇。

有所為有所不為是指導做人和做事的一條重要原則。做到了這一點，你將終身受益無窮。

30. 凡事要量力而行，不可強求

【原文】

無為為之之謂天，無為言之之謂德。

——《莊子．天地》

【譯文】

用無為的態度去做就叫做符合天道，用無為的態度去說就叫做符合天德。

【人生感悟】

莊子認為，做事應用自然的態度，一切不必強求，無為的自然往往會開花結果。如果你強行控制他人的行動，有一天你會發現他跑得更快。人，總是為了追求名、利、權勢而勞碌終生；對於情愛，貪求無厭，總想把對方牢牢握住，怕有一天會消失不見，可是越這樣，你會發現，事情會變得越糟糕。

《老子．第二十八章》寫道：「知其雄，守其雌，為天下溪。為天下溪，常德不離，復歸於嬰兒。知其白，守其黑，為天下式，為天下式，常德不忒，復歸於無極。知其榮，守其辱，為天下谷，為天下谷，常德乃足，復歸於樸。」

意思是說：「深知什麼是雄強，卻安於雌柔的本分，甘願做天下的溪澗。甘願做天下的溪澗，永恆的德性就不會離失，回復到嬰兒一樣單純的狀態。深知什麼是明亮，卻安守於昏暗的本分，甘願做天下的模式。甘願做天下的模式，永恆的德行就沒有過失，恢復到不可窮極的真理。深知什麼是榮耀，卻安守卑下的本分，甘願當天下的川谷。甘願當天下的川谷，永恆的德性才能得到充足，回復到自然開端的樸素、純真的狀態之中。」

一個人越是有私心，就越難以做自己；越想有所為，就越難以有所為。如果你與全國人去爭國家，與全天下人去爭天下，與所有領域中的人去爭成敗，結果必然是一無所獲。

你如果不與他人去爭，恬淡無為，或許會有所得，不爭之爭反而天下莫能與之爭。

在《天地》一章裡，莊子還說：「知其不可得也而強之，又一惑也。」也就是說，明知不可能到達卻要勉強去做，這又是一大迷惑。

莊子認為明知不可為而為之，只能是徒勞。

有位太太的先生是知名的企業家，對她百依百順，以世俗人的眼光看起來，她是很幸福，物質生活是上上等的，可以說是幸福中的幸福人。但她仍覺得很苦，看到一個朋友時，便哭得很傷心。

朋友問她：「你有什麼不滿意呢？」

她說：「你不知道啊！他對我感情付出得太少，使我痛苦、不滿。」

朋友勸她說：「到底你要追求多少感情才滿意呢？」

她問：「那要如何解決呢？」

朋友回答道：「放寬尺度，你愛的範圍太狹窄了，猶如把感情當成一條繩子，束縛得他對你產生敬而遠之的心理，才使你那麼痛苦。你應該以柔和的感情來寬容他的一切，不要以佔有欲、威力來加在感情上面，否則你先生表面又順又愛，但內心卻又煩又畏，也就難怪他會對你有欺騙的行為。你若能把愛擴大到去愛他所愛的人，他一定會感謝你，同時也更珍惜這份感情中的恩情，因為你所給予他的愛是那麼的自在。」

人的感情如同一個球，越硬碰，它跳得越高越遠。感情又像是火爐，只要你多給他寬大的愛，滿足他的感情，再冷再硬的心也會被它融化，這位為情所困的太太，後來果真做到去愛他所愛的那些人。

「問世間情為何物，直教人生死相許」，婚姻是一種「緣」，若能因緣聚而相知相惜，實在是幸福。透過共同生活交融，彼此能互相包容，欣賞對方的優點，方能圓融一生。在人生旅途上，彼此互相扶持、互相勉勵，放寬彼此愛的尺度，勿強求於人，勿強求於己，在知足中找到感情的快樂。

誰都想吃又甜又大的西瓜，不願意去品嘗那未成熟的西瓜，就如誰都不願意吃夾生飯，但在社交的有些場合，常遇上欲罷不能，只能勉強應付的尷尬境地，與其強扭在一起，不如退一步海闊天空。

在人際交往的過程中，你會碰到形形色色的人，對那些性格怪異、孤僻的人，你即使施展了渾身的解數，也無法跟他們接近，或者性格怎麼也合不來，或者是猜不透他們的脾氣，不知道什麼時候就冒犯了他們。和這種人交往，與其勉強不如放棄。

人的能力是有限的，無論你的智商有多高，力氣有多大，都有達不到的境地，所以做事要量力而行，不可強求。

31. 遇到困難時轉個彎，辦事會更順利

【原文】

逐萬物而不反，是窮響以聲，形與影競走也，悲夫！

——《莊子．天下》

【譯文】

一味追逐外物而不知道返歸自然，這就像是用聲音來壓住聲音，人與自己的影子賽跑一樣，實在很可悲啊！

【人生感悟】

上面這段話，是莊子批評他的好朋友惠施的。莊子（莊周）和惠子（惠施）交情深厚。他倆是摯友，是超越了一般朋友意義的思想之友。莊子和惠子思想觀點往往不一致，但君子和而不同，觀點不一致並不妨礙他們成為不可或缺的「搭檔」、「諍友」、相互匹敵相互啟發的

「勝友」。

莊子一方面肯定惠子知識淵博，善於探索，另一方面也批評惠子專好與人相異，以取勝於人為樂，而他探討的問題又是「聖人之所不能勝」的難以辨明的問題。馳物外求，而外物是追逐不盡的。探討這些具體的無窮盡的問題，是「形與影競走」，不會有著落的。莊子認為惠子逐外物，但失去了對「天地之道」的把握，是抓了小的，忘了大的，以道觀之，這樣對世界的理解，猶蚊蠅之勞，完全是徒勞的。莊子認為惠子是才用不當，不應逐外物，應當求大道。

以莊子的觀點來看，很多人之所以最後無所收穫是因為只知追逐外物而不知歸真。由此，引申到做人做事上，我們應當注意，做任何事情當前方遇到了阻力時，應該靜下心來，轉個彎，另外尋求解決問題的更好方法。

馬嘉魚很漂亮，銀膚燕尾大眼睛，平時生活在深海中，春夏之交溯流產卵，隨著海潮漂遊到淺海。漁人捕捉馬嘉魚的方法挺簡單：用一個孔目粗疏的竹簾，下端繫上鐵，放入水中，由兩隻小艇拖著，攔截魚群。馬嘉魚的「個性」很強，不愛轉彎，即使闖入羅網之中也不會停止。所以一隻隻「前赴後繼」地陷入竹簾孔中，簾孔隨之緊縮。孔越緊，馬嘉魚越激怒，瞪起魚眼，張開脊鰭，更加拚命往前衝，結果被牢牢卡死，為漁人所獲。

心理學家還做過一個試驗：將一條飢餓的鱷魚和一些小魚放在一個小箱的兩端，中間用一個透明的玻璃板隔開。剛開始，鱷魚毫不猶豫地向小魚發動進攻，牠失敗了，但毫不氣餒。接著，牠又向小魚發動第二次更猛烈的進攻，牠又失敗了，並且受了傷。牠還要進攻，第三次，第四次……多次進攻無望後牠再也不進攻了。這時候，心理學家將隔板拿開，鱷魚仍然一動不動。牠只是呆呆地看著那些小魚在自己的眼皮底下悠閒地游來游去。牠放棄了所有努力，最終活活餓死。

當你所要堅持的遲遲等不到結果的時候，不如轉個彎，換一種方法來做事，這也是人生的一種大智慧，千萬不要像那條鱷魚到死也不知道轉個彎來尋找生路。

死腦子一根筋，那樣不僅於事無補，而且自己也會活得焦頭爛額。

我們再看看下面這隻蝴蝶的遭遇吧。

一隻蝴蝶從敞開的窗戶飛進來，在房間裡一圈又一圈地飛舞，有些驚惶失措。顯然，牠迷路了，左衝右突努力了好多次，都沒有飛出房子。

這隻蝴蝶之所以無法從原路飛出去，原因是牠總在房間頂部的空間尋找出路，總不肯往低處飛，那低一點的位置就是敞開的窗戶。甚至有好幾次，牠都飛到高於窗戶頂部至多兩三寸的位置了，可就是不肯再飛低一點！最終，這隻不肯低飛一點的蝴蝶耗盡了氣力，氣息奄奄地落在桌子上，就像一片毫無生氣的葉子。

以上都是些很平常的故事，但是告訴我們的卻往往是人生的大道理。生活中常常有這樣的人：他們一方面抱怨人生的路越走越窄，看不到成功的希望；另一方面又因循守舊、不思改變，習慣在老路上繼續走下去。

有一回，三位多時不見的好友開車外出吃飯。

三個人在車裡談談笑笑，好不熱鬧。來到一個只能左彎的路口，因聊天分心而向前直走，說時遲，那時快，一輛轉向左邊的大卡車像一團可怖的黑影猛地向他們的車撞來，在這千鈞一髮之際，司機將方向盤大力扭向一邊，只聽得「匡啷」一聲，車子旁邊的後窺鏡被卡車整個撞落了，車身也因摩擦而出現了大片刮痕。

原定的餐館去不成了，車子必須立刻送進修理廠。

久別重逢的喜悅煙消雲散，大家都顯得沮喪。每個人在心中嘀咕：「如果不是圖路近，就不會遇到這倒楣的事了？還有，那天定餐館，如果定在別的地方，就啥事沒有了。」

懊悔、自責、怨怒，都有；一顆心，好似揉皺了的紙，悶悶的、痛痛的；過了好一陣子，他們中的一個人嘗試換個角度來想這問題，霎時產生了不同的感受。

他說：「情況可能壞上千倍萬倍萬萬倍呢，現在，大家既不曾受傷，車子又沒有大壞，不是幸運絕頂嗎？」

說完，他們就歡歡喜喜地坐計程車去吃泰國餐了。

在人與人的關係以及做事情的過程中，我們很難直截了當就把事情做好。我們有時需要等待，有時需要合作，有時需要技巧。我們做事情會碰到很多困難和障礙，有時候我們並不一定要硬挺、硬衝，我們可以選擇有困難繞過去，有障礙繞過去，也許這樣做事情更加順利。

32. 遠禍之道，諫而不爭

【原文】

忠諫不聽，蹲循勿爭。

——《莊子．至樂》

【譯文】

忠誠的勸諫不被接納，那就退讓一旁不再去爭諫。

【人生感悟】

莊子認為，作為別人的下屬，當自己的勸諫不被採納時，就不要再做無謂的爭辯了，否則，有可能會招致對自己不利的後果。人都有軟弱的一面，當自己的力量不足以使對方懾服，就應該適時低一下頭，然後再爭取。

人來到世上，其一生都是在不斷地處理人與人、人與社會、人與自然以及與自身的矛盾中度過的。要處理好這些矛盾，不懂得低頭，而是天馬行空、一意孤行，不是「碰壁」，就是「觸網」，肯定不會心情舒暢的。

要想抬頭，就要懂得低頭，就要懂得妥協；聰明人的做法不是你死我活，你卑我尊，而是要雙贏、要多贏。如果自以為很了不起，視天下人為無物，只會跳「獨腳舞」，本事再大，充其量也只能算個莽漢，給別人墊背。

這一點劉邦做得最好。在鴻門宴上，劉邦深知自己的處境不利，清楚地看到「人在屋簷下」，所以從宴會的開始到結尾都一直低著頭行事，始終把自己的身分貶得極低而把項羽抬得極高，稱他為大王，又稱讚他大仁大義。這樣，在項羽的內心已漸漸對這位「臣子」產生了同情和憐惜之情，從而放鬆了對劉邦的警惕，這樣，劉邦終於贏得了逃脫的時機，為以後打敗項羽奠定了基礎。

對於弱者來說，「人在屋簷下，一定要低頭」，這已是毋庸置疑的，那麼對於強者來說有沒有必要「在人屋簷下，一定要低頭」呢？

在別人屋簷下的，無論你是強者還是弱者，此時你都是客人而不是主人，所謂的「屋簷」也就是別人的勢力範圍，處於別人的勢力範圍內，你稍有抬頭，便有被碰壁的危險。你隨時面臨著別人挑剔的眼光，隨時都有可能被人排擠、打擊，甚至消滅掉，強出頭和抬頭都是沒出路的。

當然，可能有這樣的情況，你是一名強者，而且勢力遠遠超過對方，這時一旦進入對方的勢力範圍可能會因為面子問題而不願「低頭」。其實，你的這種思維錯了。你犯了一個錯誤，就是人具有本能地排斥「非我族」的本性，一旦你這樣做了，他們表面上會害怕你的威力而不敢反抗，但內心深處，卻會與你產生不良的抵觸情緒，這對你以後的發展不利。試想，難道你能確信你永遠是強者嗎？所以最明智的做法倒不如給對方以「禮」，這樣，你既不失面子，又使對方覺得你有風度。

假如對方是一位與你實力相當的同伴，你更要謹慎行事，切不可有一點馬虎和麻痹的態度。若此時這種關係處理得不好，很可能激怒對方，而使得他成為你的競爭對手或潛在的競爭對手。

記住，千萬不可激怒對方，也千萬別傷害對方的自尊心。這時，你最好的辦法就是動之以情，曉之以理，在他的勢力內主動提出和他合作，承蒙對方多多關照的要求。這樣，你首先滿足了他的自尊心，給了他面子，又給了物質利益，這樣他會考慮與你合作的。為了自己的長遠利益，他不會置你於不顧的，畢竟他也知道有一天他會利用到你的勢力範圍。

總之，不論作為強者還是弱者，在別人的屋簷下時，你一定要低頭，主動地與對方保持好的合作和默契，而不能絲毫表現出一點無奈和勉強，也不能靠別人的提醒才去低頭。

這樣做會有以下好處：

（*1*）不會因為自己不情願低頭而碰破了頭。屋簷是客觀存在的，阻力也是客觀存在的，無論你承認不承認它，不論你看到沒有。

（*2*）打消了對方的警戒心。

（*3*）取得對方心理的認可，自然可以得到對方的配合。最後的結果是雙贏，皆大歡喜。

人生在世，對於外界的壓力，要盡可能地去承受，在承受不住的時候，不妨像雪松那樣彎曲一下，暫時讓一步，這樣就不會被壓垮；就像小草那樣，靈活地拐個彎，這樣就不會被扼殺。

低頭不是妥協，而是戰勝困難的一種理智的忍讓；低頭不是倒下，而是為了更好、更堅定地站立；低頭不是毀滅，而是為了退一步海闊天空，是為了生命那張能笑到最後的燦爛的臉。學會低頭，也就學會了用更高的智慧去看清自己所處的環境。也就是說當自己處在十分不利的境況時，不要再考慮自己能贏得多少，更重要的是能在多大程度上改變這種狀況。

低頭是需要勇氣的，否則又怎會有明知是輸依然執迷不悟的賭徒呢？

33. 做好事可以，但不要為名所累

【原文】

為善無近名，為惡無近刑。緣督以為經，可以保身，可以全生，可以養親，可以盡年。

——《莊子．養生主》

【譯文】

養生的人不做好事去追求名聲，也不做壞事而觸犯刑律，順著自然規律去做，就可以保護生命，保全天性，可以贍養雙親，享盡天年。

【人生感悟】

郭沫若對這段話的解釋為：外象美不要貪名聲，外象醜不要拘形跡，守中以為常，那就可以平安長壽了。

這就是中國人常說的中庸之道。一個人的行為若是很壞，受到社會懲罰，顯然不是全生的方法。但是一個人的行為若是太好，獲得美名，這也不是全生的方法。自然一體，低調做人，人的精

神和形體也就能得到最好的養護，也就能長命百歲。

莊子這一段話對中庸之道作了最好的詮釋，但崇尚中庸的國人對這句話並不認同，我們歷代的教育家說不出口，認為它非常消極，也很逃避，是不負責任的表現。

我們從字面上理解這句話，「為善無近名」，做善事應該的，做到了沒得名氣可撈，別人不曉得你在做善事；「為惡無近刑」，每一個人內在的私生活上總有不對的地方，但是做壞事不會達到犯法的邊緣，不會達到受打擊痛苦、失敗到極點的邊緣。就是說善惡之間恰到好處，你說這人好嗎？好不到哪裡去，壞嗎？也不壞。這兩句話表面上看起來是這樣。所以有人研究了《莊子》，認為道家都是逃避的、消極的。

不過，只要我們深入分析一下，就會發現實際上不是這樣，莊子的本意並非如此。「為善無近名」是什麼意思呢？我們可以理解為「做好事不是去追求名聲」，這裡省略了兩個字，本意應該是不故意做好事去追求名聲，也就是不為名聲而故意去做好事，這樣才能安心，心平則氣和。為了做好人而做好事，為了讓人家去表揚，為了讓人家叫我們好人，那就不算做善事了。比如，有很多人捐款救助別人而不留下姓名，不企求任何回報，這就是「為善無近名」。

從這裡我們可以看出，莊子「為善無近名」實際上是說拋開功利心，自然而然地去做善事，這樣心靈才能得到昇華，才能「養護精神，享盡天年。」

《聊齋志異》第一篇故事叫《考城隍》。故事梗概為：

一個名叫宋燾的秀才，在夢中參加冥府題為「一人二人，有心無心」的考試。宋燾在應試八股文中提出「有心為善，雖善不賞。無心為惡，雖惡不罰」，就是說一個人有心地去做好事，表現給別人看，或表現給鬼神看，雖然是好事，也沒有什麼值得獎勵的。又例如有一把刀不好用了，隨手丟掉，而不幸傷了人，實在沒有存心要傷害他，那麼雖然是一件壞事，也不該處罰，這與現代法律制度中的「過失犯罪」或「正當防衛」有些類似。

宋燾的觀點備受考官們的稱讚，認為其才很適合做河南一個地方的城隍，於是當即任命。宋燾稱家有老母親無人照料赴任有困難云云，考官們當場從生死簿冊上查得宋母尚有九年陽壽。主考官說，考慮到你的一片孝心，那就准你九年假期讓你侍奉母親，九年後你即當赴任。九年屆時宋母壽終，宋燾在安葬母親後即履約赴任。

這個故事說明「為善為惡，順人性，和天理」的道理。

莊子主張「為善無近名，為惡無近刑」，是講做好事不要奢求受到稱頌讚美，做壞事不要觸及到刑法，但我們切不可因為做好事沒馬上受到稱讚而不做；做一點壞事而沒觸及到刑法就去做。因為做好事的人早晚會受到別人的稱讚，而做壞事的人終究要受到懲罰，所以我們做人要處處行善，即便小德都不能違反。

如果我們為莊子的這段話作一個總結，那就是：不要故意行善，更不要為名或利行善；大錯莫犯，小錯要慎，最好別犯。小的迷惑，使人迷失東西南北，大的迷惑叫人失去天然性情。真正的聰明，不要過分，安於自然常態，不可畫蛇添足。順著自然規律去做，就可以養護精神，保護自己不受傷害，善始善終，得以安享天年。

可是人們對名利的追求總是那麼執著，但誰也沒有想到，名在給你利益的同時，是不是也成為了生命的枷鎖？人們經常生活在各種各樣的面具裡面，從而犧牲了真實的自己。

有個故事是這樣的：

布拉特島的水域中，有一種王魚。王魚有一種本領，能吸引一些較小的動物貼附在自己的身上，然後慢慢地吸收為自己身上的一種鱗片。其實那不是鱗，只是一種附屬物。當王魚有了這種附屬物後，便會比沒有鱗的王魚至少大出4倍。可憐的是，當王魚到後半生時，由於身體機能的退化，這種附屬物會慢慢脫離牠的身體，使牠重新回到那個較小的外形。被剝奪了鱗的王魚，是非常痛苦難堪的。牠無法再適應這個世界，游動得也很不自然，最後牠去自殘，往岩石上猛撞，然後掙扎數日，死去。凡是看過王魚慘死的人，都會覺得王魚太慘；也都會認為，牠們不該選擇附屬物作為自身的鱗片。那本來就不是自己的。

作為人，一生中很多情景確實很像布拉特水域中的王魚。一個人的高位，一個人的名譽，當這一切到來時，確實會使人變為另一種模樣，比以往「高大」上數倍，就像王魚。問題是，它們總是要脫離你而去。

很多人嘗到了丟官的淒慘，嘗到了英雄不再的失落。世界上的一些耀眼政客、馳騁江山的英雄、顯赫一時的名人巨富，常常要去布拉特島觀光。其實他們真正的目的，是去看王魚，希望從中得到更多的領悟，早早準備，早早從泥潭中拔腳。

如果你能謹記莊子的教誨，修心養性，謹守規律，禍患仍不可避免，那就是天道的必然了。「運去金成鐵，時來鐵是金」。時來天地皆同力，運去乾坤不自由。如此，那不是人為的過錯。輕舉妄動的人，沒有不出偏差的。追求品行善良的人，絕不會張揚名聲，誇誇其談。光明正大，無愧於心，才會半夜敲門心不驚。

34. 看透生死，才能活得更好

【原文】

死生，命也。其有夜旦之常，天也。人之有所不得與，皆物之情也。

——《莊子．大宗師》

【譯文】

死和生均非人為之力所能安排，猶如黑夜和白天交替那樣永恆地變化，完全出於自然。有些事情人是不可能參與和干預的，這都是事物自身變化的實情。

【人生感悟】

養生是為了求長壽，追求功名財富也是為了享受有限的人生。但有一點，任何人都無法避免，那就是死亡。正所謂：「生不帶來，死不帶去。」那人生最終豈不都是一個悲劇。所以，不把生死悟透，就永遠不知道人生意義的要旨所在。

這點或許莊子的著作會給我們不少啟示。

《莊子．至樂》中講，有一次，莊子到楚國去，路上碰見一具空髑髏，莊子用馬鞭敲著髑髏問：「你是因為違背天理而死的嗎？還是國破家亡，遭到刀斧之刑了呢？是自己做了不善的事，有愧於父母妻子而自盡的麼？還是因為貧窮凍餓而死呢？或是壽終正寢呢？」說完，莊子就枕著髑髏睡著了。

熟睡之中，莊子做了一個夢，夢中髑髏對莊子說：「聽你說話是位能言善辯的人，不過，你說的都是活著的人的負擔，死了之後便不存在這些問題了，你想聽聽死人怎麼說嗎？」

莊子說：「洗耳恭聽。」

髑髏說：「人死後，上無君下無臣，也無須為生活而奔忙，輕輕鬆鬆地以天地為春秋，快樂無比，即使南面稱王的樂趣也比不上哩！」

莊子將信將疑，道：「我讓掌管生死的鬼神恢復你的形貌，歸還你的骨肉肌膚，送還你的父母妻子和朋友鄉親，你意下如何？」

髑髏聽後很不快，緊鎖眉頭說：「我怎麼會放棄比南面稱王還快樂的事而再次去到人間受罪呢？」

在這個故事中，莊子把死亡描繪成一種很快樂的事。死比生還逍遙，這樣我們還有什麼理由懼怕死亡呢？

無論是哪個民族的傳統，出生和死亡都是生活中重要的事件，因此有一系列的儀式迎接生命的到來，禮送生命的結束。即使在21世紀的今天也是如此。可是莊子不同，基於自己對於生死的理解，他對於這些儀式給予了足夠的蔑視。莊子對待死和生是一種「齊一生死」的思想，即生和死是一樣的，因而死不值得可怕。

《莊子．至樂》中講，莊子妻子離開人世的時候，惠子前去弔唁。見莊子叉腿坐在地上，一邊敲打著瓦盆一邊唱歌。惠子實在氣憤，就說：「你老伴和你生活了一輩子，為你生兒育女，孩子大了，她也老邁了。現在她死了，你不哭也就罷了，卻還要敲著盆唱歌，這也太過分了吧！」

莊子見惠子來了，畢竟是一番好意，就委婉地給他講道理：

「不是這樣的！她剛死的時候，我怎能不動感情呢？但想了想，原來人間並沒有她這個生命存在呀！不僅沒有生命，而且也沒有形體，不但沒有形體，而且也看不到形體的物質元素『氣』，氣原來是混雜在冥冥之中的，變化而成氣，氣又變化而成形，形又轉化為生命。現在她又由生轉化到死，這不是和春夏秋冬的四季交替一樣嗎？她的屍體現在還躺在天地之間，而我卻嗚嗚地圍著她啼哭，自以為這是沒有真正理解生命現象，所以也就停止了哭泣。」從這個「鼓盆而歌」的故事中，可見莊子對於生死是看得比較透徹的。

能否做到精神生命的逍遙，一個首要的條件就是消解對死的焦慮，而打消死亡焦慮的一種特效良方就是建立像莊子那樣隨緣乘化的循環生命觀。而且與「莊子妻死」的一段相比，萬物一體和生死如春夏秋冬四季交替的意識表達得更加明確，是莊子自己面臨死亡時的超然態度。

《莊子．列御寇》記載：

莊子快要死的時候，他的弟子們準備厚葬老師。莊子用幽默的口氣說：「我死了以後，天地就是我的棺槨，日月就是我的連璧，星辰就是我的珠寶玉器，天地萬物都是我的陪葬品，我的葬具難道還不豐富嗎！」

莊子這麼一說，弄得學生們哭笑不得，只好說：「老師啊！要那樣的話，我們還不是怕烏鴉老鷹把老師吃了嗎？」

莊子說：「埋在野地裡你們怕烏鴉老鷹吃了我，那埋在地下就不怕螞蟻吃了我嗎？你們把我從烏鴉老鷹嘴裡搶走送給螞蟻，這不是給螞蟻送吃的嗎？你們對螞蟻真是太好了。」

在莊子眼裡，死亡並不是一件可怕的事情，它是向天地的回歸，與日月、星辰、萬物等合為一體。在這樣的理解之下，人間的所謂陪葬的厚薄又算得了什麼呢？而既然是一體，當然也就沒有烏鴉老鷹或者螻蟻的區別。這是真正的達觀，「達」代表著通，自己和天地萬物的通為一體。

莊子是中國歷史上有名的哲學家，也可稱得上是道家除老子之外的第二號人物，對生與死的慧解讀很透徹。人一旦看透生死，那就沒有什麼不放心的，齊生死，寬心胸，心寬意大，人生活得就更加自如，這才是莊子的絕頂智慧之處啊！

看開生死，對於我們的生活很有意義，它可以讓我們活得更好。

因為「人之有所不得與，皆物之情也」。人的能力是有限的，所以面對無能為力的事情，不必強求，泰然處之。用快樂填充自己的內心，驅趕走內心的陰鬱，這個才是真正成大事者必須有的心態。

不要在乎外在的物質和虛榮，那都是虛的，就算別人否定了你，那又怎麼樣？只要自己的良心安了，問心無愧就可以了。真的不要再去計較別人的看法。

珍惜我們有限的生命，接受生命賜予我們的一切。順其自然就好。

35 一切任其自然

【原文】

有虞氏，其猶藏仁以要人，亦得人矣，而未始出於非人。泰氏，其臥徐徐，其覺於於。一以己為馬，一以己為牛；其知情信，其德甚真，而未始入於非人。

——《莊子．應帝王》

【譯文】

虞舜以心懷仁義之心來籠絡人，從而獲得了百姓的擁戴，不過他依然沒有超脫出人為的物我兩分的困境。伏羲氏臥姿隨意，醒來時悠遊自得。他聽任有的人把自己看作馬，聽任有的人把自己看作牛；他的才思樸實無華，他的德行純真可信，而且從不曾涉入物我兩分的困境。

【人生感悟】

莊子認為，虞舜不如伏羲氏，因為雖然虞舜對百姓實行仁政，是所謂的聖帝明王之治，但是以道家的觀念，那個時代已經在墮落。因為沒有達到上古伏羲氏那樣物我不分，渾然一體的境界。伏羲氏可以做到：你認為我是牛就是牛，罵我是馬就是馬，任人呼，只要你高興。那個時候的人沒有是非善惡觀念的差別，是「心境一如」的境界。

《莊子．應帝王》中還記載了這樣一件事。

接輿是個隱士，有一天肩吾去拜會他。

接輿問他：「往日你的老師日中始用什麼來教導你？」

肩吾回答道：「老師給我說，做君王的一定要憑藉自己的意志來推行法度，人民誰敢不聽從而接受教化呢？」

接輿說：「其實，這是虛偽的德行，那樣治理天下，就和徒步下海開鑿河道，讓蚊蟲背負大山沒有什麼兩樣。聖人治理天下，難道去治理社會外在的表像嗎？他們先是正己而後推行教化，聽任人們之所能罷了。鳥兒尚且懂得高飛躲避弓箭的傷害，老鼠尚且知道深藏於神壇之下的洞穴以逃避熏煙鑿地的禍患，而你竟然連這兩種小動物本能地順應環境都不如嗎？」

莊子對宇宙萬物的認識基於「道」，他認為整個宇宙萬物是渾然一體的，因此也就無所謂分別和不同，世間的一切變化也都出於自然，人為的因素都是外在的、附加的。所以，不要把自己人為地和世上萬物分開，人即自然，自然是人的本性，物就是我，我也是物，得「道」的人從不墮入物我兩分的困境。

既然人即自然，那麼就要遵循自然的規律。而自然的規律是不以人的意志為轉移的，所以，我們無須去刻意要求什麼，而要一切隨緣。

何為「隨」？「隨」不是跟隨，是順其自然，不怨恨，不躁進，不過度，不強求；「隨」不是隨便，是把握機緣，不悲觀，不刻板，不慌亂，不忘形；「隨」是一種達觀，是一種灑脫，是一份人生的成熟，一份人情的練達。

何為「緣」？世間萬事萬物皆有相遇、相隨、相樂的可能性。有可能即有緣，無可能即無緣。「緣」，無處不有，無時不在。你、我、他都在緣的網路之中。常言說，有緣千里來相會，無緣對面不相逢。萬里之外，異國他鄉，陌生人對你哪怕是相視一笑，這便是緣。也有的心儀已久，但終相會無期。緣，有聚有散，有始有終。有人悲嘆：「天下沒有不散的筵席。既然要散，又何必聚？」緣是一種存在，是一個過程。「有緣即住無緣去，一任清風送白雲。」人生有所求，求而得之，我之所喜；求而不得，我亦無憂。若如此，人生哪裡還會有什麼煩惱可言？苦樂隨緣，得失隨緣，以「入世」的態度去耕耘，以「出世」的態度去收穫。

順其自然——不怨尤、不急躁、不冒進、不強求、不悲觀、不慌亂——這便是隨緣。大千世界芸芸眾生，可謂是有事必有緣，如喜緣、福緣、人緣、財緣、機緣、善緣、惡緣等。萬事隨緣，隨順自然，毫不執著，這不僅是哲人的態度，更是我們快樂人生所需要的一種精神。

在這個世界上，凡事不可能一帆風順，事事如意，總會有煩惱憂愁不順心的事縈繞著我們，那該如何面對呢？「隨緣自適，煩惱即去」。其實，隨緣是一種進取，是智者的行為，愚者的藉口。

蘇東坡和秦少遊一起外出，在飯館吃飯的時候，一個全身爬滿了蝨子的乞丐前來向他們乞討。蘇東坡說道：「這個人真髒，身上的污垢都生出蝨子了！」

秦少遊立即反對道：「你說得不對，蝨子哪能是從身上污垢中生出，明明是從棉絮中生出來的！」兩人各執己見，爭執不下，於是兩個人打賭，並決定請佛印禪師當評判，賭注是一桌上好的酒席。

蘇東坡和秦少遊私下分別到佛印禪師那裡，請他幫忙。佛印禪師欣然允諾了他們。兩人都認為自己穩操勝券，於是放心地等待評判日子的來臨。

評判那天，禪師不緊不慢地說道：「蝨子的頭部是從污垢中生出來的，而蝨子的腳部卻是從棉絮中生出來的，所以你們兩個都輸了，你們應該請我吃宴席。」聽了禪師的話，兩個人都哭笑不得，卻又無話可說。

禪師接著說道：「大多數人認為『物』是『物』，『我』是『我』，『物』、『我』是對立的，因此產生種種矛盾與差別。在我的心中，『物』與『我』是一體的，外界和內界是完全一樣的，它們完全可以調和。好比一棵樹，顯然同樣接受空氣、陽光和水分，才能得到圓融的統一。管牠蝨子從棉絮或污垢中長出來，把『自』與『他』的衝突去除，才能見到圓滿的真相。」

有人談隨緣，說是宿命論的說法。其實不然，隨緣要比宿命論高深。宿命論不過是無奈於生命的抗爭而作的不得已之論而已。隨緣是一種人生態度，高超而豁然，不是很容易做到的。一切隨緣，多麼灑脫的胸懷，看徹眼前的浮雲，把人生滋味咂透，一切任其自然。

36. 大喜不喜，大怒不怒，可以養心

【原文】

人大喜邪，毗於陽；大怒邪，毗於陰。陰陽並毗，四時不至，寒暑之和不成，其反傷人之形乎！

——《莊子．在宥》

【譯文】

人若大喜，定會損傷陽氣；人若大怒，定會損傷陰氣。陰與陽互侵害，四時就不會順應而至，寒暑也就不會調和形成，這就必然傷害人的身心健康！

【人生感悟】

情緒的好壞和人的身體健康密切相關。情緒是一種心理現象。高興、愉快、歡樂、喜悅、輕鬆、欣慰、悲傷、害怕、恐懼、不安、緊張、苦惱、憂鬱等都屬於情緒活動。

我國自古就有「喜傷心」、「怒傷肝」、「思傷脾」、「憂傷肺」、「恐傷腎」之說，當人情緒

變化時，往往伴隨著生理變化。例如，人在恐怖時，會出現瞳孔變大、口渴、出汗、臉色發白等一系列變化。這些生理變化在正常的情況下具有積極的作用，可以使身體各部分積極地動員起來，以適應外界環境變化的需要。

過度的消極情緒，長期不愉快、恐懼、失望，會抑制胃腸運動，從而影響消化機能。情緒消極、低落或過於緊張的人，往往容易患各種疾病。

大喜大怒都是最該忌諱的。中醫學認為，暴喜傷心，心氣渙散，會出現一系列心氣不足的症狀，如心悸、乏力、胸悶氣短等症狀。嚴重者則會出現冷汗不止，四肢不溫，脈微欲絕及心悸、胸悶、胸痛等心陽欲脫的症狀。此種變化類似於冠心病心律失常、心源性休克等。相反，怒則氣逆，氣的運行受阻。氣為血之帥，氣行則血行，氣滯則血瘀，氣滯血瘀的結局是不通，不通則痛。大怒導致的一系列反應類似於冠心病心絞痛或急性心肌梗死等。由此可見，保持健康的心理狀態對每個人都十分重要。

古人云：大怒不怒，大喜不喜，可以養心。這也是莊子告訴我們的養生道理。

世間沒有一樣東西比我們的身體更為寶貴，我們必須不惜一切代價來保護身體。健康的身體能夠促進人們在工作上的努力，使得人們不斷進步。許多人因為沒有善待自己的身體，致使自己的機能減弱、能力喪失。

許多人的精力浪費在憤怒、憂慮、怨恨以及瑣碎的事情上。甚至有的人在憤怒、憂慮、怨恨和瑣碎事情上所耗費的精力，比在正式工作上消耗的體力還要多。

我們每個人都是理性與感性的複合體，要做到大事小事都想用理智來衡量，是不太現實的；而且，人們大部分的行為，往往是以感情為出發點的。

有一天，蘇格拉底請學生到他家做客。剛一到家，他夫人就因一點小事而生氣，進而當著客人的面，推翻了桌子。這位學生見狀，十分不快，說道：「就算是師母，也要有個師母的樣子，真是太過分了！」說完便要離開。

蘇格拉底很平靜地說：「上次我造訪你家，不是有隻母雞從窗外飛進來，把桌子弄得亂七八糟的嗎？那時，我不是都沒有生氣嗎？」

對象是人就生氣，一旦換成母雞便無從憤怒，蘇格拉底用妻子的言行教育了弟子：人都難免有生氣惱怒的時候，這時若把對方看作一個物，而不是人，則可以讓心情暫時恢復平靜。如果把對方看作人，你很可能嚥不下這口氣，所以很憤怒。

心理學專家認為，人受到傷害時，憤怒是正常的反應，而當下的念頭便是想給攻擊你的人當頭棒喝，即便是自己向來尊敬的人，如果做出令你傷心的事情，你都很可能立即給對方以回擊；那麼受了陌生人的氣，你的憤怒程度就可想而知了。

感情的事也一樣。一時的鬼迷心竅，常會讓人做出事後追悔不已的舉動。

有個人脾氣暴躁，每次發作如颱風過境。有一次，他在盛怒之下，把桌上的晚餐全部推到地上，他的太太面對滿地狼藉目瞪口呆，一雙小兒女嚇得哭著躲向阿姨身旁。事情的起因只不過是夫婦之間一場小小的口角，見太太坐到一旁去流淚，他下一個動作竟是俯身去拾碎片。他是個無法控制自己脾氣的人，脾氣發過就沒事了。

憤怒使人失去理智思考的機會。許多場合，因為不可抑制的憤怒，使人失去了解決問題和衝突的良好機會。而且，一時衝動的憤怒，可能意味著事過之後付出高昂代價的彌補。在實際生活中，憤怒導致的損失往往可能是無法彌補的。你可能從此失去一個好朋友，失去一批客戶；你的形象可能從此在領導眼裡受到損害，別人也從此開始對與你的合作產生疑慮。

不僅如此，脾氣暴躁、經常憤怒還是誘發心臟病的因素，而且會增加患其他疾病的可能性，這是一種典型的慢性自殺。

因此，為了確保自己的身心健康，必須學會控制自己，克服動不動就怒不可遏的毛病。

俗話說「笑一笑，十年少，愁一愁，白了頭」，如果僅僅是白了頭，那麼還有染發劑可以應付，問題是發愁生氣還會給人體造成多方面的損傷，具有令你的皮膚長出色斑等多方面的危害。所以，能不生氣就不生氣，能少生氣就少生氣，做事情之前，先調整好心態。只有這樣，心情才能愉快，身體才會更健康。

37. 知足者常樂

【原文】

與物相刃相靡，其行盡如馳，而莫之能止，不亦悲乎！終身役役而不見其成功，苶然疲役而不知其所歸，可不哀邪！

——《莊子．齊物論》

【譯文】

跟外界環境相遇或擦肩而過，行動迅速，沒有什麼力量能使他們止步，這難道不可悲嗎！終被役使卻看不到自己的成功，一輩子困頓疲勞卻看不到自己的歸宿，這難道說不很悲哀嗎！

【人生感悟】

莊子所以認為人不能陷入這種物物相爭的利益鏈中，是因為與物的這種較量和摩擦，會使人像賓士的野馬一樣不能停息下來，是一件很可悲的事情。

「終身役役而不見其成功，苶然疲役而不知其所歸，可不哀邪！」這其中的玄機，就靠自己去參悟了。過分的貪取、無理的要求，只是徒然帶給自己煩惱而已，在日日夜夜的焦慮企盼中，還沒有嘗到快樂之前，已飽受痛苦煎熬了。

因此，人不應該總處於奔波勞碌之中，應適可而止。古人說：「養心莫善於寡欲」。我們如果能夠把握住自己的心，駕馭好自己的欲望，不貪得、不覬覦，做到寡欲無求，役物而不為物役，生活上自然能夠知足常樂，隨遇而安了。

知足常樂，可以說為每個中國人所熟知，但在現實中又有幾人能做到這一點呢？許多人聰明，但卻不知足，貪心過重，為外物所役使，終日奔波於名利場中，抑鬱沉悶，難以享受人生之樂。

不知足的可怕之處，不僅在於摧毀有形的東西，而且能攪亂你的內心世界。你的自尊，你所遵守的原則，都可能在不知足面前跨掉。

人的欲望是沒有止境的，如果任由其膨脹，則會由此生出許多煩惱。

有個青年人常為自己的貧窮而牢騷滿腹。

「你具有如此豐富的財富，為什麼還發牢騷？」一位智者問他。

「它到底在哪裡？」青年人急切地問。

「你的一雙眼睛，只要能給我你的一雙眼睛，我就可以把你想得到的東西都給你。」

「不，我不能失去眼睛！」青年人回答。

「好，那麼，讓我要你的一雙手吧！對此，我用一袋黃金作為補償。」智者又說。

「不，我也不能失去雙手。」青年人焦急地說。

「既然有一雙眼睛，你就可以學習；既然有一雙手，你就可以勞動。現在，你自己看到了吧，你有多麼豐富的財富啊！」智者微笑著說道。

我們來到這世上時，本來就是赤條條的，一無所有，是上蒼賦予了我們生命、親友以及思想和財物等等，上蒼待我們何厚？使我們擁有了這麼多，又佔據了這麼多。可是我們卻從來也沒有滿足過，依然在祈求著上蒼為我們降下更多的甘霖。

如果你想獲得什麼不妨看看自己擁有什麼，生活中如能降低一些標準，退一步想想，就能知足常樂。人應該體會到自己本來就是無所欠缺的，這就是最大的富有了。然而，生活不可能也不會按照我們的需求來十足地供應我們，於是，我們便失望了，我們便不滿了。

老子說：「知足不辱，知止不殆」（《老子．立戒第四十四》）。就是告誡人們要知足，知道滿足就不會受辱，知道適可而止，就不會遭遇不幸。

老子又說：「禍莫大於不知足，咎莫大於欲得」（《老子．儉欲第四十六》）。不知足是最大的禍患，貪得無厭是最大的罪過。把錢財、家世、容貌視為榮辱標準的人，一般都不知足，越有越想有，越有欲望越盛；欲望太盛，就會生出邪念，為擁有更多的財權欲而不擇手段。由敬財、愛財而貪財、聚財、斂財，甚至於見錢眼開、巧取豪奪、唯利是圖、謀財害命。市場上大量的假冒偽劣商品屢禁不絕，正是這方面的原因所致，生活中這類例子幾乎每個人都耳聞目睹，真乃是欲壑難填！

知足是一種境界，知足的人總是微笑著面對生活，在知足的人眼裡，世界上沒有解決不了的問題，沒有趟不過去的河，他們會為自己尋找合適的台階，而絕不會庸人自擾；知足是一種大度，大「肚」能容天下事，在知足的人眼裡，一切過分的紛爭和索取都顯得多餘，在他們的天平上，沒有比知足更容易求得心理平衡了；知足是一種寬容，對他人寬容，對社會寬容，對自己寬容，這樣才會得到一個相對寬鬆的生存環境。知足常樂，此之謂也。

38. 快樂與否，關鍵是你選擇的心態

【原文】

古之得道者，窮亦樂，通亦樂，所樂非窮通也。道得於此，則窮通為寒暑風雨之序矣。

——《莊子．讓王》

【譯文】

古時候擁有大「道」的人，即使是生活貧困也很快樂，富貴顯達的情況下也能快樂。他們快樂並不是因為貧困或富貴顯達。明白了上述道理，那麼貧困與富貴顯達都像是寒暑、風雨那樣自然地變化。

【人生感悟】

莊子這段關於如何面對人生困境的議論，是針對孔子「厄於陳、蔡之間」的故事有感而發的。這個故事是這樣的：孔子在陳、蔡之間遭受困厄，七天不能生火做飯，野菜湯裡沒有一粒米屑，臉色疲憊，可是還在屋裡不停地彈琴唱歌。

顏回在室外擇菜，子路和子貢相互談論：「先生兩次被趕出魯國，在衛國遭受鏟削足跡的污辱，在宋國受到砍掉大樹的羞辱，在商、周後裔居住的地方弄得走投無路，如今在陳、蔡之間又陷入如此困厄的境地，圖謀殺害先生的沒有治罪，凌辱先生的沒有禁阻，可是先生還不停地彈琴吟唱，不曾中斷過樂聲，君子不懂得羞辱竟達到這樣的地步嗎？」

顏回沒有辦法回答，進入內室告訴孔子。孔子推開琴弦長長地嘆息說：「子路和子貢，真是見識淺薄的人。叫他們進來，我有話對他們說。」

子路和子貢進到屋裡。子路說：「像現在這樣的處境真可以說是走投無路了！」

孔子說：「這是什麼話！君子通達於道叫做一以貫通，不能通達於道叫做走投無路。如今我信守仁義之道而遭逢亂世帶來的禍患，怎麼能說成是走投無路！所以說，善於反省就不會不通達於道，面臨危難就不會喪失德行，嚴寒已經到來，霜雪降臨大地，我這才真正看到了松柏仍是那麼鬱鬱蔥蔥。陳、蔡之間的困厄，對於我來說恐怕還是一件幸事啊！」孔子說完後安詳地拿過琴來隨著琴聲陣陣歌詠，子路興奮而又勇武地拿著盾牌跳起舞來。

子貢說：「我真不知道先生是如此高潔，而我卻是那麼的淺薄啊！」

莊子對這個故事感慨地評論說，古時候得道的人，困厄的環境裡也能快樂，通達的情況下也能快樂。心境快樂的原因不在於困厄與通達，道德存留於心中，那麼困厄與通達都像是寒與暑、風與雨那樣有規律地變化。所以，許由能夠在潁水的北岸求得歡娛，而共伯則在共首之山優遊自得地生活。

人們一直疲於奔波，尋求所謂的幸福快樂。其實，幸福快樂原本就在我們的生活不遠處。只是由於人們太在意物質上的富裕，太追求一種形式化的生活了，而將幸福快樂的真諦忽略了。肚子餓得不行的時候，有一碗熱騰騰的拉麵放在你眼前就是幸福；累得半死的時候，躺在軟軟的床上也是幸福。快樂與否，關鍵是你選擇的心態。

有位老太太生了兩個女兒，大女兒嫁給傘店老闆，小女兒當上了洗衣作坊的主管。於是老太太整天憂心忡忡，逢上雨天，她擔心洗衣作坊的衣服晾不乾；逢上晴天，她又怕傘店的雨傘賣不出去，天天為兩個女兒擔憂，日子過得很憂鬱。

後來一位聰明人告訴她：「老太太，您真是好福氣！下雨天，您大女兒家生意興隆；大晴天，您小女兒家顧客盈門；不管哪天您都有好消息啊！」

天還是老樣子，只是腦筋變了一變，生活的色彩竟然煥然一新。

生活就像一面鏡子，你哭它就哭，你笑它就笑。因此，我們要用積極的心態對待生活。

有人曾問過一位快樂的老人：「你為何會這樣幸福呢？你一定有關於創造幸福的不可思議的秘訣吧！」

「不！不！」老人回答，「我只是選擇『幸福』而已。」

會享受人生的人，不會在意擁有多少財富，不會在意住房大小、薪水多少、職位高低，也不會在意成功或失敗，只要會數數就行。「不要計算已經失去的東西，多數數現在還剩下的東西。」這個十分簡單的數數法，就是選擇幸福的一種智慧。

在陝西南部山區有一位日子過得緊巴巴的農民，他常年住的是漆黑的窯洞，頓頓吃的是玉米、馬鈴薯，家裡最值錢的東西就是一個盛麵的櫃子。可他整天無憂無慮，早上唱著山歌去幹活，太陽落山又唱著山歌走回家。別人都不明白，他整天樂什麼呢？

他說：「我渴了有水喝，餓了有飯吃，夏天住在窯洞裡不用電扇，冬天熱乎乎的炕頭勝過暖氣，日子過得美極了！」

這位農民能珍惜自己所擁有的一切，從不為自己欠缺的東西而苦惱，這就是他能感受到幸福的真正原因。

其實，我們絕大多數人所擁有的，遠遠超過了這位農民，可惜總被自己所忽略。你的收入雖然不高，但粗茶淡飯管飽管夠，絕無那些富貴病的侵擾；你的配偶或許並不出眾，但他（她）能與你相親相愛，白頭到老；你的孩子雖然沒有考上大學，但他（她）卻懂得孝敬父母，知道自力更生……人生該珍惜的東西還有很多很多。

幸福是一種選擇，選擇決定了我們的幸福。所以，面對選擇要無比慎重。

一位美國小夥子看中了一位中國姑娘，便一直追著不放。最後，中國姑娘辭掉了令人羨慕的工作，跟美國小夥子結了婚，飛到了大洋彼岸去了。

「我放棄了那麼好的工作，遠離父母跟你到美國來，這可是我為你作出的犧牲呢。」中國姑娘說。她以為這樣說能把他感動，沒想到他只是說：「不，不，我不認為這是什麼犧牲，在我看來，這只是妳的一種選擇。」

她後來才認識到，美國人在人際交往中，只會尊重你的選擇，而不會承認你的犧牲。這就意味著：作出的所有決定，都必須符合你自己的心願，符合自己的心願才能成為自己的真正選擇。這樣與人打交道，才會擁有真正的平等，同時也才能贏得他們的尊重。

無論是否被迫，請記住，如果人家不是把刀放在你的脖子上，很多事情，你還是有權選擇不做的，但是，如果你做了，這就是你自己的選擇。既然是你的選擇，你就要為自己的行為付出代價，別為自己找藉口。

39. 要事事順心，就要懂得捨棄

【原文】

純素之道，唯神是守；守而勿失，與神為一；一之精通，合於天倫。

——《莊子．刻意》

【譯文】

純真的「道」，就是專心持守著自己的精神；能持守而不失其本真，跟精神融合為一體；精通純一之道，也就合於萬物都遵循的規律了。

【人生感悟】

《莊子．刻意》中說：「眾人重利，廉士重名，賢士尚志，聖人貴精。故素也者，謂其無所與雜也；純也者，謂其不虧其神也。能體純素，謂之真人。」

意思是說，普通人看重私利，廉潔的人看重名聲，賢能的人崇尚志向，聖哲的人重視素樸的精神。所以，素就是說沒有什麼與它混雜，純就是說自然賦予的東西沒有虧損。能夠不喪失純和素，就可叫他「真人」。

莊子認為，人的一生中，要想保持「純、素」，不僅要丟棄某些東西，還要守護某些東西，也就是指他自己所說的「唯神是守」。但生活不是單純地取與捨，哪些該丟棄，哪些該守護，的確很讓人費思量。

每個在職場裡的人，到了歲末年初，總要將自己的辦公桌徹底清理一次——扔掉那些毫無保存意義的信件、舊資料，再將其他的重新進行歸類整理，使之井井有條、耳目一新，給自己創造一個相對寬鬆、舒適的環境和一份好心情。雖然如此，總有一些東西年年都捨不得丟棄，卻從未派上用場，仔細想想，連自己都覺得納悶和啞然。人們總習慣以「可能有用」為藉口而無形中保留了一件件、一堆堆「廢品」和「垃圾」，直到有一天狠狠心將它扔掉之後，生活中也不覺得少了什麼時，才明白它是多餘的東西，意識到自己所犯的「錯」。

隨著年齡的增長、歲月的洗禮、閱歷的豐富、知識的積累與沉澱，人們對生活注入了新的思考與認知，同時也對傳統思想、觀念進行了新的審視、反省與詮釋，對一切諸如習慣、觀念、想法、經驗、愛好等無形的東西也在不斷地進行篩選和更新，一些過時的或給生活造成不必要的麻煩和不便的，我們要有勇氣隨時丟棄它，即便要為此付出很多時間、精力，甚至要忍受煎熬和痛苦。這樣一來，我們才有機會和足夠的時間、精力、空間，學習和接納一些科學的、新鮮的事物。

佛家有言：捨得，捨得，有捨才有得。其實，本該捨得的東西，我們往往沒有捨棄，或沒來得及捨棄。

一則故事說，德國人從巴黎撤走後，一位農夫和一位商人在街上尋找財物。

他們發現了一大堆未被燒焦的羊毛，兩個人就各分了一半捆在自己的背上。歸途中，他們又發現了一些布匹，農夫將身上沉重的羊毛扔掉，選些自己扛得動的較好的布匹。貪婪的商人將農夫所丟下的羊毛和剩餘的布匹統統撿起來，重負讓他氣喘吁吁、行動緩慢。

走了不遠，他們又發現了一些銀質的餐具，農夫將布匹扔掉，撿了些較好的銀器背上，商人卻因沉重的羊毛和布匹壓得他無法彎腰而作罷。

這時，天降大雨，飢寒交迫的商人身上的羊毛和布匹被雨水淋濕了，他踉蹌著摔倒在泥濘當中；而農夫卻一身輕鬆地回家了。他變賣了銀餐具，生活富足起來。

這個故事啟示人們要做到事事順心，就要懂得捨棄。捨棄是一種睿智，它可以放飛心靈，可以還原本性，使你真實地享受人生；捨棄是一種選擇，沒有明智的捨棄就沒有英明的選擇。

丟棄某些東西不易，要守護某些東西也並不輕鬆。

保留一份天真與單純，堅守一份信念與追求，保留一份正義與良知，堅守一份尊嚴與操守、留住一份嚮往和夢想……

到底還要不要堅守志向、信念、道德、操守、正義和良知的精神陣地，捍衛和呵護人類共同的精神家園，這個問題考驗著每一個現代人。許多經得住革命戰爭的槍林彈雨洗禮的胸膛，卻被用鈔票包裹的「糖衣炮彈」所擊穿；許多人能欣然地面對和迎接各種困難、挫折及厄運，卻不能坦然地接受「絢爛歸於平淡」的事實而晚節不保成為人民的罪人。

不管世界如何變化，我們都要在喧囂和浮躁中堅守做人的原則，呵護好充滿正義與良知的心靈。

40. 養生之道重在順應自然

【原文】

棄世則形不勞，遺生則精不虧。

——《莊子・達生》

【譯文】

捨棄了世間的紛紛擾擾，人的身體就不會勞累；遺忘了生命的存在，人的精神也就不會虧損了。

【人生感悟】

莊子認為，養生之道重在順應自然，忘卻世間的紛擾，不為外物所滯。《莊子・達生》中有一段關尹與列子的談話：

有一天，列子碰到了關尹，兩個人好久不見，就找了一個酒館，坐下來聊起了天。

列子問關尹：「道德修養臻於完善的至人游到水底也不會感到憋氣，跳入火中卻不會感到灼痛，行走於萬物之上也不會感到恐懼。請問這是怎樣的一種境界呢？」

關尹微微一笑，答道：「這不過是持守住純和之氣的結果，而非智巧、果敢所能做到的。大凡具有面貌、形象、聲音、顏色的東西，都是物體，那麼物與物之間又為什麼差異很大，區別很多呢？又是什麼東西最有能耐而居於領頭羊的位置？這都只不過是有形狀和顏色而已。一個有形之物卻不顯露形色而留足於無所變化之中，懂得這個道理而且深明內中的奧秘，世間的任何東西又怎麼能控制或阻遏住他呢！人如果能這樣，就可以處在本能所為的限度內，藏身於無端無緒的混沌中，遊樂於萬物或滅或生的變化環境裡，心無二用，元氣保全涵養，德行相融相合，從而把自己融入大自然之中。這樣，他的稟性持守就能保全，他的精神就不會虧損，外物又能把他怎麼樣呢！有的人喝得酩酊大醉，從車子上摔下來，雖然滿身是傷卻沒有死去。身體跟正常人一樣而受到的傷害，感覺卻跟正常人不同，為什麼呢？因為他的神思高度集中，乘坐在車子上也沒有感覺，即使墜落地上也不知道，死、生、驚、懼全都不能進入到他的思想中，所以遭遇外物的傷害卻無半點懼怕之感。醉漢從醉酒中獲得保全完整的心態尚且能夠如此忘卻外物，何況從自然之道中忘卻外物而保全完整的心態呢？」

由此看出，莊子認為，持守純和元氣是至關重要的，然後才能使精神凝聚。這也是我國古代養生論的重要內容之一。

中國最早提出養生學理論的是老子，老子對於人體生命的研究，是從對嬰兒的實驗觀察開始的，從而探討出養生長壽的根本。

老子認為，從人含有元精深厚的程度來看，初生的嬰兒最好。為什麼呢？你看嬰兒那麼小，毒蟲不咬他，猛獸不抓他，鷙鳥不搏他，嬰兒的筋骨雖弱小，但拳頭握的很牢固，這是他精氣旺盛的緣故。他整天嚎哭而聲音卻不沙啞，這同樣是因為他平和無欲而精氣旺盛的緣故。

老子說，一個人遠離了世間的紛紛擾擾就懂得了生命常存的法則，懂得了生命常存的法則就叫做智慧精明，被捲進人世間的紛紛擾擾而不能自拔就叫做招致災殃。捲進人世間的紛紛擾擾就會耗費精氣，也叫做硬性消耗陽氣。人成長到壯年以後就會走向衰老，這就叫不含柔弱之道。不含柔弱之道，人很快就要死亡。

這種持守住純和之氣，逍遙於天地渾一的元氣之中的智慧，也表現在莊子對待死亡的態度上。

《莊子．大宗師》記載了這樣一件事情：

有一天，子桑戶、孟子反、子琴張三人不期而遇。

子桑戶說：「天下誰能夠相互交往於無心交往之中，相互有所幫助卻像沒有幫助一樣？誰又能登上高天巡遊霧裡，循環升登於無窮的太空，忘掉自己的存在，而永遠沒有終結和窮盡呢？」

這正好說到兩個人的心裡去了，大家心領神會，於是成為好朋友。

天有不測風雲，子桑戶因故死了。還沒有下葬，孔子就派弟子子貢前去幫助料理喪事。到了那裡，子貢驚訝極了，只見孟子反和子琴張二人一個編曲，一個彈琴，相互應和著唱歌：「哎呀，子桑戶啊！哎呀，子桑戶啊！你已經返本歸真了，可是我們還成為活著的人而托載形骸呀！」

見此，子貢快步走到他們近前，說：「請問，對著死人的屍體唱歌，這不太合乎禮儀吧？」

孟子反和子琴張二人相視一笑，不屑地說：「你這種人怎麼懂得『禮』的真實含義呢！」說完，連理也不理子貢了。

討得一身無趣，子貢只好回去了。子貢把見到的情況告訴給孔子，說：「他們都是些什麼樣的人呢？不看重德行的培養而且沒有禮儀，把自身的形骸置於度外，面對著死屍還要唱歌，沒有一點悲傷的表情，簡直是莫名其妙。什麼人哪？」

孔子沉思良久，說：「他們都是遠離了世間的紛紛擾擾的人，我卻生活在世俗環境中。人世之外和人世之內彼此不相干涉，可是我卻讓你前去幫助料理喪事，我實在是淺薄得很呀！他們正跟天地結為伴侶，而逍遙於天地渾一的元氣之中。他們把人的生命看作像贅瘤一樣多餘，他們把人的死亡看作是毒癰化膿後的潰破，他們這樣的人，又怎麼會把生死看的不同呢！憑藉於各種不同的物類，但最終寄託於同一的整體；忘掉了體內的肝膽，也忘掉了體外的耳目；無盡地反覆著終結和開始，但從不知道它們的頭緒，茫茫然彷徨於人世之外，逍遙自在地生活在無所作為的環境中。他們又怎麼會拘泥於世俗的禮儀，

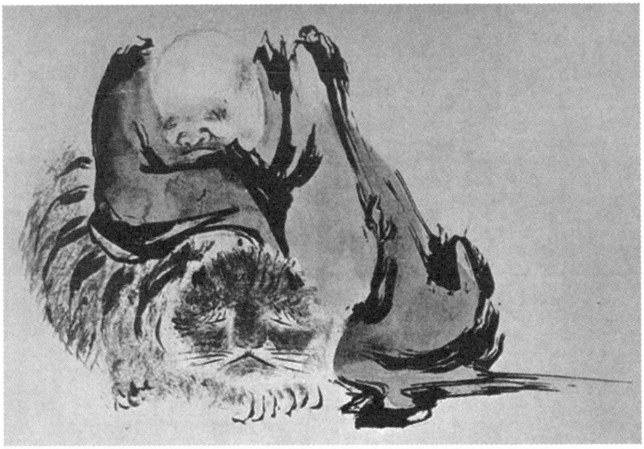

有意識地做給人看呢！」

你看過魚游得太累、鳥飛得太倦、花開得太累嗎？的確沒有人看過它們太累，因為它們不是人，遠離了世間的紛紛擾擾，保持住了自己的精氣。

記住莊子的這句話：「棄世則形不勞，遺生則精不虧。」如果你能真正地瞭解這句話，那麼，你的一生都將受益無窮。

41. 多言不如多知

【原文】

有左，有右，有倫，有義，有分，有辯，有競，有爭，此之謂八德。六合之外，聖人存而不論；六合之內，聖人論而不議。

——《莊子．齊物論》

【譯文】

有左，有右，有序列，有等別，有分解，有辯駁，有競比，有相爭，這就是從無發展到有的八種界限。天地四方宇宙之外的事，聖人總是存而不論；宇宙之內的事，聖人雖然細加研究，卻不隨意評說。

【人生感悟】

什麼叫「六合」？東南西北四方加上下，叫「六合」；四方加四個角，叫「八方」。「六合」之外的事情，莊子說「聖人存而不論。」意思是說這個問題是存在的，但現在不要去追問，不要討論，「存」而不論。那麼「六合之內」呢？「聖人論而不議，」就是討論研究不加以批判，不作一個嚴格的結論。

可見，聖人對於很多問題在發表自己的意見時都是十分謹慎的，不理解，看不透的東西，就先放在那裡，以後再說。

對於我們普通人來講更是如此，多言不如多知，話能不說就不說，只要心裡明白就可以了，不該說的話多說無益。正所謂：傻瓜的心在嘴裡，聰明人的嘴在心裡。

在應該說話的時候，要闡述清楚；而不該說話的時候，要閉口不言。一個懂得講究說話藝術的人，一定是一個懂得如何做人的人。

在各種場合，能言善道的人，似乎擁有一件強有力的武器，佔盡一切便宜。但是，成功的人，並非因為那一張嘴巴而成功。正如古語所說「水能載舟，亦能覆舟」。很多人的失敗，往往又是因為那張不能控制的嘴巴。事實上，上天賜給你天才，但又沒教你說話的技巧。說話的技巧和天才，是兩件完全不同的事。如果說天才是上天特別的照顧，那麼技巧便是靠後天的努力的結果。

話說得太多意味著什麼？一是思路不清；二是信心不足。一個思路不清晰的人，很難讓人信任。連自己的事情還沒搞懂，如何幫助人家去做好事情。如果思路是清晰的，但話太多，表明這個人信心不足，信心不足的原因只有一個，他說的東西不像他所描述的那樣好，他想盡力讓人相信他的謊言。

一個說話隨便的人，往往沒有責任心。話多不如話少，話少不如話好，多言不如多知，即使千言萬語，也不及一件事實留下的印象那麼深刻。我們絕對要少說話，尤其當有陌生人比我們有經驗，或者有更瞭解的人在座時，因為如果話說多了，便是不打自招地露出了自己的弱點，也失去了一個獲得智慧和經驗的機會。說話要說得少而且說得好。因此，在我們人生中，有兩種訓練是不可少的，那就是沉默與優美而文雅的談吐。如果我們不會機智的談吐，又不會適時沉默，是很不幸的。我們常因說話而後悔，所以，當你對某事無深刻瞭解的時候，最好還是保持沉默！

少說話的人就能靜靜地思索，使自己說出來的話更為精彩。

說話不容易，然而語言又是人與人之間溝通的橋樑。因此，要能達到雙方溝通的效果，說話就必須有要領，否則就會有「做人難，難做人」之苦。那麼，要如何說話呢？

（*1*）言必契理。有的人見到老農老圃，就說如何種植稻穀菜蔬；見到商人，就說出一套生意經；見到工人，就說各種工藝技巧。這表示其說話能契合眾生的根機。契機固然必要，不過最重要的還是要言論能夠合理，也就是契合道理。

（*2*）言可承領。這是說所有的言論，要讓別人能接納領會。如何讓別人接受我們的言說呢？這是說對眾生要慈悲，多說好話，不要吝於讚美。此外，即使說好話也要能適時適地，簡潔透徹明瞭，讓人心生歡喜，而接受我們的美言。否則，有好話不能使人承意領受，豈不可惜！

（*3*）言則有信。言而無信，如何立身？所以，說話要有信用。我們一生說話童叟無欺，不虛偽，能讓人相信我們的言說，人格必為人所肯定。

（*4*）言無可譏。這是說我們所說的話要圓融，面面俱到，令人無懈可擊。要慎言，不可強不知以為知而隨意發言，讓人有譏諷的口實。什麼話可以讓大家接受、歡喜而不譏評呢？說給人信心、給人歡喜、給人希望、給人方便的言論，則能不為人所譏諷。

另外，如果你能做到下面這樣，就能成為一個受歡迎的人了。

急事，慢慢地說；大事，清楚地說；小事，幽默地說；沒把握的事，謹慎地說；沒見證的事，不要胡說；做不到的事，別亂說；傷害人的事，不能說；討厭的事，對事不對人地說；開心的事，看場合說；傷心的事，不要見人就說；別人的事，小心地說；自己的事，聽聽自己的心怎麼說；現在的事，做了再說；未來的事，未來再說。

42. 忘記是人生的大智慧

【原文】

故德有所長，而形有所忘。人不忘其所忘而忘，其所不忘，此謂誠忘。

——《莊子．德充符》

【譯文】

所以，在德行方面有超出常人的地方，而在形體方面的缺陷別人就會有所遺忘。人們如果不忘記所應當忘記的形體缺陷，而忘記了所不應當忘記的德行，這就叫做真正的遺忘。

【人生感悟】

南懷瑾先生對莊子的這段名言這樣解釋：「一個人有道德，從外形上不一定看得出來，在道德有所長時，欣賞他的道德學問時，就忘記了他外形好看不好看。所以，一般人應該忘記的不忘，而不該忘記的卻忘記了，『此謂誠忘。』一般人認為這是聰明，但莊子認為是大糊塗。佛學對這幾句話有一個相同的觀念：『顛倒』。一般人常常很顛倒，一件事我們認為是真理，或者認為是錯誤，不一定正確。世界上的真理在哪裡呢？很難講。哲學家、宗教家、科學家三家的人都在找真理，到現在都還沒有確定下來。」

他還說：「我們也知道外形是假的，個個知道，個個都被外形騙了，被現象騙了。所以一個人真正的修養，忘記了外在一切現象，透過現象看見後面那個真的東西，但一般人都知道這個道理，卻做不到。所以『忘形者非忘也』，忘掉了現象，不是真忘，相反的，『不忘形而忘德者』，一般人都被現象騙了，真正的道德，雖然知道重要，還是丟了，這是『誠忘』……你透徹把它瞭解以後，對於人生做人做事，應用無窮。」

綜觀《莊子．內篇》，明明白白提到「忘」字的地方並不算太多。大致列舉如下：在《大宗師》中最多，有「古之真人……不忘其所始，不求其所終；受而喜之，忘而復之。」「泉涸，魚相與處於陸，相呴以濕，相濡以沫，不如相忘於江湖。與其譽堯而非桀也，不如兩忘而化其道。」

從這些言語中我們可以看出，莊子的思想是辯證的，是一分為二的，莊子提倡的是有所忘有所不忘。莊子認為，人生在世，不應該遺忘的東西就不能遺忘，不應該記得的東西就要把它忘得一乾二淨。

那麼，什麼是不該忘記的東西，什麼又是應該忘記的東西呢？

比如：別人對我們的幫助，千萬不可忘了；反之，別人倘若有愧對我們的地方，應該樂於忘記。

阿拉伯名作家阿里，有一次和吉伯、馬沙兩位朋友一起旅行。三人行至一個山谷時，馬沙失足滑落，幸而吉伯拚命拉他，才將他救起。

馬沙就在附近的大石頭上刻下了：「某年某月某日，吉伯救了馬沙一命。」

三人繼續走了幾天，來到一處河邊，吉伯與馬沙為了一件小事吵起來，吉伯一氣之下打了馬沙一耳光，馬沙就在沙灘上寫下：「某年某月某日，吉伯打了馬沙一耳光。」

當他們旅遊回來之後，阿里好奇地問馬沙：為什麼要把吉伯救他的事刻在石上，將吉伯打他的事寫在沙上？馬沙回答：「我永遠都感激吉伯救我。至於他打我的事，隨著沙灘上字跡的消失，我會忘得一乾二淨。」

阿拉伯著名詩人薩迪說：「誰想在困厄中得到援助，就應在平日待人以寬。」記住別人對我們的恩惠，洗去我們對別人的怨恨，這樣的人生才會陽光明媚。

一位朋友說：「我只記著別人對我的好處，忘記了別人對我的壞處。」因此，這位朋友受大家的歡迎，擁有很多至交。

樂於忘記是一種心理平衡。有一句名言說：「生氣是用別人的過錯來懲罰自己。」老是「念念不忘」別人的「壞處」，實際上最受其害的就是自己的心靈，搞得自己痛苦不堪，何必呢？這種人，輕則自我折磨，重則就可能導致瘋狂的報復。

樂於忘記是成大事者的一個特徵，既往不咎的人，才可甩掉沉重的包袱，大踏步地前進。樂於忘記，也可理解為「不念舊惡」。人要有點「不念舊惡」的精神，況且在許多情況下，人們誤以為「惡」的，又未必就真的是「惡」。退一步說，即使是「惡」，對方心存歉意，誠惶誠恐，你不念惡，應該禮義相待，進而對他格外地表示親近，也會使為「惡」者感念其誠，改「惡」從善。

最難得的是將心比心，誰沒有過錯呢？當我們有對不起別人的地方時，是多麼渴望得到對方的諒解！是多麼希望對方把這段不愉快的往事忘記！我們為什麼不能用如此寬厚的理解開脫他人？

古往今來，不計前嫌、化敵為友的佳話舉不勝舉。以古為鑑，可以讓我們明白事理，明辨是非，把握前途。

生活中，由於我們總是試圖抓住一些我們無法挽回的不幸的事情，這些東西對我們來講都是包袱，它們對我們是非常不利的，我們應該甩掉它們，應該把它們打入歷史的墳墓。

莊子認為，當虛空記憶佔據心靈後，含有心靈的形體軀殼只不過是一種尚可與人群居的標誌。虛空記憶本身無任何感情色彩，人原有的是非之類不再能侵蝕它。一個人是渺小形體和偉大德心的結合體，形體無論是形全或形殘（只是形殘常被人誤解，以為其德必殘），都只是偉大的「德心」的不得已的外包裝而已。

所以，你對生活的感覺主要取決於你的選擇與追求。對於生活，我們要抱著發現和欣賞的心態；對於包袱，我們要抱著堅決拋棄的心態。我們要時常反省，自己曾經的那些堅持不忘的執著，究竟是值還是不值？

一個人在任何情況下都可以選擇快樂。既然如此，我們為什麼不對自己微笑呢？丟掉人生旅途上不必要攜帶的行李，輕鬆一些，對自己微笑，也對別人微笑，不管有沒有理由，只要發自內心，經常試一試，你會慢慢地高興起來。

不要因為擔憂過去而錯過了未來更好的機會。為什麼讓那過失、羞恥和錯誤繼續纏繞著你呢？難道它不是已經在很大程度上加深了你的皺紋，壓歪了你的肩膀嗎？難道它不是已經帶走了你的歡笑，帶走了你生活中的樂趣嗎？因此，我們要把它從你的生活中趕走，把它從你記憶的石板上抹去，並且徹底忘記。只有這樣，我們才能甩掉包袱，選擇快樂。

有人說忘記很難，其實，你只要把自己的生活拉回到事情發生之前的狀態就可以了。

一個長相俊俏的女孩子去投河自盡，被在河中划船的老艄公救上了船。

艄公問：「你年紀輕輕的，為何尋短見？」

女孩子哭訴道：「我結婚兩年，我愛自己的丈夫，丈夫卻遺棄了我。你說，我活著還有什麼樂趣？」

艄公又問：「兩年前你是怎麼過的？」

女孩子說：「那時候我自由自在，無憂無慮。」

「那時你有丈夫嗎？」

「沒有。」

「那麼，你不過是被命運之船送回到了兩年前，現在你又自由自在，無憂無慮了。」女孩子聽了艄公的話，心裡頓時敞亮了，便告別艄公，輕輕鬆鬆地跳上了岸。

真正的大道不是個人一時的興致與努力，而是要能真正符合道的理想，只有在大道的理想下，才能可大可久、相安相忘，正所謂「不如相忘於江湖」也。

善於忘記，歡樂就會常在。快樂是人生永恆的主題。在你背負沉重的時候，你一定要想法快樂。只有卸下了種種包袱，輕裝上陣，從容地等待生活的轉機，不斷有新的收穫，踏過人生的風風雨雨，才能懂得放手和享有，才能擁有一份成熟，活得更加充實、坦然和輕鬆。

43. 不要為外物所迷惑

【原文】

夫小惑易方，大惑易性。天下莫不以物易其性矣！小人則以身殉利；士則以身殉名；大夫則以身殉家；聖人則以身殉天下。故此數子者，事業不同，名聲異號，其於傷性以身為殉，一也。

——《莊子．駢拇》

【譯文】

小的迷惑使人迷失方向，大的迷惑使人喪失本性，天下人沒有不因外物而喪失本性的。小人不惜捨棄生命追逐利益，士人不惜捨棄生命成全名譽，大夫不惜捨棄生命維護家族，聖人不惜捨棄生命治理天下。他們雖然事業不同，名稱也各異，但在傷害人的本性、以身殉外物上，卻是一樣的。

【人生感悟】

莊子說，人生有很多迷惑遮住了我們的雙眼，讓我們看不到事情的本來面目，甚至弄錯方向，讓人喪失本性。伯夷為了賢名死在首陽山下，盜蹠為了私利死在東陵山上，這兩個人，致死的原因不同，而他們一個為名，一個為利，在損傷本性方面卻是同樣的。為什麼一定要讚譽伯夷而指責盜蹠（ㄓˊ）呢！

名和利皆是身外之物，不是人本性的東西，但是生活在這個世上，被外物不知不覺影響到本性的人數不勝數，而且多數人不能明悟，會一直執迷下去。

欲望會漸漸讓我們的心蒙塵，會一步一步把我們拖入深淵無法自拔。

有一位修行者奉行禁欲苦修。為了能夠修成正果，他搬出了居住的村莊，到了一個沒有人居住的山林裡隱居。為了能夠杜絕欲望，他只隨身帶了一塊布當作衣服，就到了山上。後來，他想到自己在洗衣服時還需要有一件替換的衣服，就下山向村民們要一塊布。村民們看到這個虔誠的修行者，就給了他一塊布。

修行者再次回到山上靜修。可是幾天後，他發現他居住的山洞裡有一隻老鼠，在他靜修的時候老鼠就會出來咬他討來的那塊布。他不能殺生，否則就會破戒，可是如果不把老鼠趕走，他的衣服就會被咬破。沒辦法，他只好到山下村莊裡去要來一隻貓。

貓要來了，老鼠不再出現了。可是又有了新的問題，他吃野菜度日，但貓是不吃野菜的，而他的修行準則又不允許他眼看著老鼠喪生。可是如果不讓貓吃老鼠，貓就沒有東西可吃。於是他想到了向村民們要一頭奶牛，這樣貓就可以靠喝牛奶生活。這下就相安無事了。修行者度過了一段清靜日子。

可是，他很快發現又有了麻煩。原本他用來打坐修行的時間現在不得不用來照顧奶牛了。他要放牛，讓牛吃草、飲水，還要擠牛奶。這使得他的修行很受影響。於是，他再次回到了山下村莊裡，找到了一個流浪漢，把流浪漢帶到山上來幫助他照顧奶牛。

流浪漢每天早起幫助修行者把奶牛照顧得很好，可是一段時間之後，流浪漢開始抱怨起來：「你是一個禁欲苦修的人，可是我不是，我需要有一個太太，我要過正常的家庭生活。」

修行者想了想，覺得他不能強迫別人跟他一樣靜修，於是再次到了山下，幫流浪漢找到了一個太太。

一天又一天，就這樣，整個村莊都搬到了山上，修行者再次住在了村莊裡。

欲望是無窮無盡的，如果不懂得控制，它就會無限膨脹，讓你迷失方向，最終喪失本性。現實生活中，面對來自四面八方、大大小小、形形色色的誘惑，太容易讓人迷失自我了。名是虛的，可以滿足虛榮心，利是實的，可以滿足身體各個器官飢渴的需求。於是，名利越多越好，只是現實的給予總是跟不上人膨脹的欲望。

看著別人的財大氣粗，位高權重，堅守著自己的清貧淡泊如一杯白開水的日子，偶爾也難免有些想入非非。當周圍的人藉由種種欺詐的手段和不誠實的行為而暴富的時候；當有人為了名利像狗一樣爬行且有所得的時候；當有人靠搖尾乞憐溜鬚拍馬，一心向上爬、向上鑽，並且換來一個又一個「成功」的時候，我們總是在問自己，能保持住內心的平靜、堅守住自己的本性嗎？

所以，莊子說：「小惑易其方，大惑易其性。」什麼意思呢？他是說小的誘惑改變的是人一時的方向，大的誘惑改變的是人的本性。為所欲為，胡作非為，還會有什麼好結果嗎？

「君子固窮。」面對誘惑，人一定要學會堅守，堅守本性，堅守良知，堅守人格，堅守尊嚴。

44. 遊心於淡，合氣於漠

【原文】

汝遊心於淡，合氣於漠，順物自然而無容私焉，而天下治矣。

——《莊子．應帝王》

【譯文】

你如果能夠保持本性、無所修飾的心境，交合形氣於清靜無為的方域，順其自然而沒有任何的偏私，天下就可以治理好了。

【人生感悟】

諸葛亮有一句名言：「非淡泊無以明志，非寧靜無以致遠。」這句名言被很多人作為座右銘，充分證明了其影響力。「非淡泊無以明志」中的淡泊和「遊心於淡」中的淡意思上是接近的。「淡」就是什麼味道都沒有，鹹甜苦辣麻都沒有，是心平如水。

「合氣於漠」，「漠」是形容無量無邊，廣漠之野，什麼都沒有。「漠」字莊子在自己的文章裡提到過幾回。

「遊心於淡，合氣於漠」，是一個人修養的方法。

莊子認為，恬淡、寂漠、虛空、無為，這是天地賴以均衡的基準，而且是道德修養的最高境界。如果想治理天下，就必須使自己清幽恬淡。做人也應如此，只有時刻保持恬淡平靜的心態才能做好人做好事。這些道理，說起來很容易但做起來很難。有一個故事，說的是從前有一個人提著網去打魚，不巧這時下起了大雨，他一賭氣將網撕破了。網撕破了還不夠，又因氣惱一頭栽進了池塘，再也沒有爬上來。很多人想，世上哪有這樣的傻子，這一定是個哄人的故事。下雨不能打魚，等天晴就是了。

但現實中，確實有很多想不開的人。他們讓一場雨下進自己的靈魂裡，一滴水久久不能蒸發，從而輸掉青春、愛情、可能的輝煌和一伸手就能摘到的幸福。

莊子說，悲哀和歡樂乃是背離德行的邪妄，喜悅和憤怒乃是違反大道的罪過，喜好和憎惡乃是忘卻真性的過失。因此內心不憂不樂，是德行的最高境界；持守專一而沒有變化，是寂靜的最高境界；不與任何外物相抵觸，是虛豁的最高境界；不跟外物交往，是恬淡的最高境界；不與任何事物相違逆，是養神的最高境界。

兩個水手因為船隻失事而流落到一個荒島。

甲水手一上岸就愁眉苦臉，擔心荒島上有沒有充飢之物、落腳之處。乙水手一上岸就為自己將要開始一段新的生活而歡呼。

兩個人在荒島上找到一個洞口，乙水手為今晚可以睡一個好覺而慶幸，甲水手卻擔心洞裡面是否有怪獸。乙水手安然入睡，甲水手輾轉難眠，不知道明天怎麼度過。

上帝可憐兩個水手，竟然讓他們在荒島上意外地發現一袋糧食。乙水手高興得手舞足蹈，而甲水手擔心怎麼把生米煮成熟飯，煮出來的飯是否嚥得下。

島上沒有淡水喝，他們不得不喝海水。乙說：「喝淡水喝慣了，喝喝海水換換口味。」而甲水手極不情願地把海水嚥下，怨聲載道。

每吃完一頓飯，乙水手總是很滿足地說：「又過了一天。」而甲水手總是嘆氣：「唉，假如糧食吃完了該怎麼辦呢？」

糧食一天一天的減少，終於被他們吃完了。荒島上還有些野果，他們把它採摘回來。乙水手說：「運氣真好。竟然還有水果吃。」甲水手哭喪著臉說：「從來沒有這麼倒楣過。上帝不要我活了，竟然要吃這樣的野果。」

終於野果也吃完了，他們再也找不到其他可以吃的東西了，只好挨餓。為了保持力氣，他們只好躺在洞裡休息。乙水手說：「想不到我竟然什麼也不要做還可以睡覺。」甲水手絕望地說：「死亡離我們越來越近了。」

最後一刻，他們都堅持不住了。乙水手說：「終於可以拋開一切煩惱，投奔天國了。」甲水手說：「我還不想下地獄。」

乙水手死了，臉上掛著微笑。

甲水手死了，臉上充滿悲傷。

同樣的結局，不一樣的人生。並不是乙水手不尊重生命，乙水手充分享受到了人生最後過程的樂趣，雖然結果仍免不了死亡，但一切對他來說不是那麼重要了，他死的時候都是快樂的，他沒有留下什麼遺憾。而甲水手與乙水手截然相反，明知道不可能的事情還是處處在乎，明知道得不到的東西仍然想得到，自己為難自己，自己勉強自己，時時刻刻處於憂慮惶恐之中，最終還不是一樣沒有擺脫死亡。但他最後的人生境界與乙比起來要差遠了，沒有得到任何的快樂，死的時候也無法瞑目。

莊子告訴我們：

遊心於淡——我們的靈魂心性總是被捆綁，這些捆綁或來自於憤怒、修飾、欲望、焦慮、懷疑等等困惑，拋開這些枷鎖繩套和紋章雕琢，讓我們的心性超然物外，可乘物以遊心，自由釋放。

合氣於漠——我們的身心形氣總是被分別，這些分別或來自於愚昧、逃避、驕傲、恐懼、遮掩等等攪擾，拋開這些自欺欺人和擔心憂慮，使我們的身心質拙相處，則心物歸一元，萬籟俱寂。

45. 不計是非功過，不受外物驚擾

【原文】

方生方死，方死方生；方可方不可，方不可方可；因是因非，因非因是。是以聖人不由，而照之於天，亦因是也。

——《莊子．齊物論》

【譯文】

剛剛產生隨即便是死亡，剛剛死亡隨即便會復生；剛剛肯定隨即就是否定，剛剛否定隨即又予以肯定；依託正確的一面同時也就遵循了謬誤的一面，依託謬誤的一面同時也就遵循了正確的一面。因此聖人不走劃分正誤是非的道路，而是觀察比照事物的本然，也就是順著事物自身的情態。

【人生感悟】

方生方死，方死方生，這段話，在《莊子》裡非常有名。一般名言都最容易遭到誤解和曲解。莊子的這段話也不例外。「方生方死，方死方生；方可方不可，方不可方可」和後面的「此亦一是非，彼亦一是非」，常常被人誤解為莊子是主張不可知論，並常常作為以滑頭處世「和稀泥」的擋箭牌。

其實，莊子這段話的意思本來很明白，「方生方死，方死方生；方可方不可，方不可方可；因是因非，因非因是」，是說我們人世間的所謂生死、是非、對錯都是相對的，大家都各是其是、各非其非。所以，要正確認識事物，就要超越這些相對，超越這些是是非非的觀念。

從哪裡去超越呢？就是要從「道」這個地方去超越。「是以聖人不由，而照之於天」，聖人不從世間的是非觀念去認識事物，而是從「天」那裡去關照它。這裡的「天」，就是指「道」。「道」又指什麼呢？「亦因是也」，就是順著事物本然的規律。

所以莊子的《齊物論》講齊是非，並不是要泯滅是非，不分是非，而是要超越我們一般人的是非對立觀念，去順著事物的本然規律去認識事物。

接著上面這段話，莊子又說：「是亦彼也，彼亦是也。彼亦一是非，此亦一是非，果且有彼是乎哉？果且無彼是乎哉？彼是莫得其偶，謂之道樞。樞始得其環中，以應無窮。是亦一無窮，非亦一無窮也。故曰：莫若以明。」

如果站在對立的立場上，大家各是其所是，非其所非，就是「彼亦一是非，此亦一是非」，這樣哪裡能找到一個是非對錯的標準呢？所以，「彼是莫得其偶，謂之道樞」，取消對立的立場，從事物自身的本然去看待事物，才能抓住認識事物的關鍵。「樞」，是一個圓圈的中心點，喻指最關鍵的地方。

「是亦一無窮，非亦一無窮」，站在對立的立場上去談論是非，永遠沒有完結的時候。掌握了這個「道樞」，才能應對事物無窮的變化，這就叫「明」，只有超越是非對立的觀念，你才能看得明白。

所以，莊子這段話的意思，不是相對主義，更不是不可知論。他是要我們超越世間相對的概念去認識事物，這正是莊子的智慧。

莊子教我們超越是非對立的觀念，只注重事物的本然，找尋其實質，這在為人處世方面說，對我們也很有用。一般的人情世故就是喜歡是非對立，社會上的是非很多，說是非的人也大有人在，如何對待這種是非言談，就要好好地學習一下莊子的這種超越態度。

有這樣一個故事：

一個老人和自己年少的孫子用一匹驢子馱著貨物去趕集。趕完集回來，孩子騎在驢上，老頭兒跟在後面。路人見了，都說這孩子不懂事，讓老年人徒步。孩子就忙下來，讓老頭兒騎上。

於是旁人又說老頭兒怎麼忍心，自己騎驢，讓小孩子走路。

老頭兒聽了，又把孩子抱上來一同騎。

騎了一段路，不料看見的人都說他們殘酷，兩人騎一頭小毛驢，把小毛驢都快壓死了，兩人就只好都下來。

可是人們又都笑他們是呆子，有驢不騎。

我們的活動，無論是什麼性質的，總會對周圍的人、周圍的世界產生一定的影響，也就必然會受到來自周圍世界的評論。這些評論可能是褒揚，也可能是非難。但不論是褒揚還是非難，都有理解與不理解、公正與歪曲的成分在。

古語有云：人言可畏。即是說別人對你個人的說法、議論是十分可怕的。

在實際生活中，你一定也遇到過無中生有的人。無中生有的議論和讒言，會使你有口難辯，氣惱萬分。其實最高明的辦法就是泰然處之，默然以對，順其自然；對於這些評論，不能一概地接受，跟著它團團轉，弄出抬驢子的結果；但也不能一概地拒絕，我行我素，甚至於變本加厲，憤世嫉俗，以為是一種強者的風度。

在實際生活中，你一定也遇到過有理說不清的人。不論你怎麼跟他解釋，他還是聽不懂，甚至還比你更大聲。「止辯莫若無辯」，是此時最好的對策。別人怎麼說，你就是沉默，等到說累了，他們自然也就不說了，你也就清靜了。

在實際生活中，你一定也遇到過是非不分到處亂說的人，這種人根本是沒有道德和不懂尊重他人的人。他們的好奇心放在說人長短上，說人是非者便是是非人，對於這種「是非人」我們該怎麼辦呢？

「是非天天有，不聽自然無。」當事情已經黑白不分時，就沉默吧！越講只會是越描越黑，更增加人家「黑白講」的佐料而已，已經混濁的水，何必再費力去攪呢？越攪只是越黑而已，越是費勁就越是難以澄清。

正如一位名人所說：「如果證明我是對的，那麼人家怎麼說我都無關緊要；如果證明我是錯的，那麼即使花十倍的力氣來說我是對的，也沒有什麼用。」

下面講一個不聽是非功過，不受外物驚擾，一心按自己的方式做事的成功故事。

當年高查爾思大佐想興築巴拿馬運河，一時之間人們對這個壯舉議論紛紛，毀譽不一，有人誇獎他勇敢堅毅，有人罵他異想天開。但是他對於這些毀譽一概置之不理，只管埋頭苦幹，有人問他對於那些批評有何感想，他回答得十分適當，他說：「目前還是做我的工作要緊，至於那些批評，日後運河自會答覆！」

運河果然如期完成，一時又是人聲鼎沸，但現在卻是眾口一聲地爭相誇獎他了。

他自己如何呢？

他站在第一艘試新船上，從群眾的歡呼聲中，通過自己親手完成的水閘嗎？他沒有那樣做！

一位前來參觀揭幕典禮的英國外交官，事後寫信給朋友說：「大佐並沒有乘坐第一艘試新船，他只在克里司特北看著船開過，後來，我們又在加東湖和米得爾看見他穿著襯衫站在水閘上，觀察開關水閘的機器。」

這個故事告訴我們，高查爾思大佐並不希冀別人對他的歡呼。他已經把整個的精神貫注在工程上。只要工程完成，他就如願以償，反之，他就承認失敗。

因此，他所說的「運河自會答覆」既非自誇，更非自卑，完全是確確實實的話。

一個在是非功過面前無驚擾的人，才是真正的智者強者。

46. 不以物易性

【原文】

夫有土者，有大物也。有大物者。不可以物；物而不物，故能物物。

——《莊子．在宥》

【譯文】

凡擁有國土者，就是有大物。有大物的人，不可自以為有而拘泥於物。應當役使物而不為物所役使，只有這樣才能主宰萬物。

【人生感悟】

莊子有言：「荃者所以在魚，得魚而忘荃（筌是竹編的魚籠）；蹄（蹄是捕兔用的網子，即是兔罝）者所以在兔，得兔而忘蹄；言者所以在意，得意而忘言。吾安得夫忘言之人而與之言哉！」意思是說，魚荃（筌是竹編的魚籠）是用來捕魚的，捕到魚後就忘掉了它；兔網是用來捕捉兔子的，捕到兔子後就忘掉了它；言語是用來傳告思想的，領會了意思就忘掉了它。我有什麼辦法才能找到這樣的人，從而可以與之徹夜長談呢！

莊子認為，一個人要想有自己自由的棲居，就不要受拘於外物。外物總是短暫而易腐朽的，而生命靈魂才是永恆。不要做財富的奴隸，只能做財富的主人，這樣人才能真正地逍遙。否則，就可能迷失航向，失去自我，失去人生對於逍遙的享受。

釋迦牟尼佛祖在一次法會上講了一個故事：

有個地主娶了四個老婆：大老婆伶俐可愛，像影子一樣陪在他身邊；二老婆是他搶來的，美麗而讓人羨慕；三老婆，為他打理日常瑣事，不讓他為生活操心；四老婆，整天都在忙，但他不知道她忙什麼。

地主要到另一個城市收債，因旅途辛苦，他問哪一個老婆願意陪伴自己。

大老婆說：「我不陪你，你自己去吧！」

二老婆說：「是你把我搶來的，我也不去！」

三老婆說：「我無法忍受風餐露宿之苦，我最多送你到城郊！」

四老婆說：「無論你到了哪裡我都會跟著你，因為你是我的主人。」

地主聽了四個老婆的話頗有感嘆：「關鍵時刻還是四老婆好！」於是他就帶著四老婆開始了他的長途跋涉。

釋迦牟尼說道：「你們明白嗎？這四個老婆就是你們自己！」大老婆指的是肉體，人死後肉體要與自己分開的；二老婆是指金錢，許多人為了金錢辛勞一輩子，死後卻分文不帶，就像是水中撈月；三老婆是指自己的妻子，生前相依為命，死後還是要分開；四老婆是指人的天性，你可以不在乎它，但它會永遠在乎你，無論你是貧還是富，它永遠不會背叛你。佛祖還說道：「人生歷世，多一物多一心，少一物少一念，不要為外物所拘，心安理得處，就可明心見性，參悟佛法。」

如果有一個地方，能讓我們心安，能讓我們拋卻浮躁，「不要為外物所拘，心安理得處」，那不是理想的棲居嗎？何必刻意地去尋？一片生機盎然的花圃，一座巍巍蔥蘢的大山，一場密密匝匝的雪花，一本泛著墨香的書卷，都可以成為我們自由的棲居處，都可以容納我們放逐的心靈和漂泊的意志。

自由地棲居，需放得下繁華，耐得住寂寞，達到「物而不物」的境界。若是心戀浮華，不捨喧囂，終不得心靈的安頓。就好比一個人，汲汲於富貴，切切於名祿，桎梏於外物，怎可能出離塵世而追尋幽獨？又好比一匹馬，被拴上了枷鎖車套，只有一味地賣力賓士，哪有機會停下來思索自己的生命？

莊子所講的「物而不物」是一門哲學，需要有大智慧，需要有大捨棄。智慧會讓我們生活得快樂充實，捨棄會讓我們生活得輕鬆無羈。不要顧忌捨棄而拒絕簡單的生活，那樣的話，你將不堪重負，顧慮重重，心力交瘁，六神無主……

「物而不物」的內涵在於拋卻雜念，直指目標。生活沒必要有太多的彎子，彎子太多會使你的心情沉重，影響你的情緒，導致惡劣的結果。其實，只要你夠純粹，把握住人生最重要的真諦，你會覺得前景一片廣闊。

有的人對生命有太多的苛求，弄得自己生活在筋疲力盡之中，從沒體味過幸福和欣慰的滋味，生命也因此局促匆忙，憂慮和恐懼時常伴隨，一輩子實在是糟糕至極。需知月圓月虧皆有定數，豈是人力所能改變的？不如放下執著，給生命一份從容，給自己一片坦然。

人生一世，誰總是一帆風順？「物而不物」，會另有收穫。對於外物的追求和執著，是人生一切痛苦的根源。超越外物，就是超越自我，「無物」也就是「無我」，自己的心境也就不會隨著外物的變化遷移而波動，正所謂「是進亦憂，退亦憂」，不假於物，才能造就「自我」。

47. 保持「真我」的本色才會快樂

原文

夫馬，陸居則食草飲水，喜則交頸相靡，怒則分背相踶。馬知已此矣！

——《莊子．馬蹄》

譯文

看那馬兒，生活在大地上，餓了吃草，渴了飲水，高興時脖子交錯在一起相互摩蹭，生氣時背對背用後蹄相互踢打。這就是馬的本性！

【人生感悟】

馬的本性是陸居則食草飲水，喜則交頸相靡，怒則分背相踢。然而，當牠們遇到伯樂之後，硬給加上籠頭、銜轡等束縛的東西，牠們就會斜眼相看，甚至猛力抵突，不願馴服。所以說，違背馬本性的做法結果是馬失去了活力，或成了只知拉車之馬。

莊子認為，如果違背其本性，哪怕是好心的，也會置其於死地。在《至樂》中，莊子談到一個魯侯養鳥的寓言，說從前有隻海鳥落在魯國之郊，魯侯把牠迎進廟裡，獻酒給牠飲，奏樂給牠聽，擺上牛羊肉給牠吃。不出三天，海鳥死去。這告訴人們，要以養鳥之道養鳥，不能違反本性。

另外，莊子認為，千里馬在沒有遇到伯樂之前過的是快樂逍遙的日子，等有了伯樂，千里馬就變成普通的馬了。從莊子的這個觀點，我們可以領悟到，做人不要輕易被他人所役使，要懂得把握自己的人生，做自己的主人。

在莊子的眼裡，當時社會的紛爭動亂都源於所謂聖人的「治」，因而他主張摒棄仁義和禮樂，取消一切束縛和羈絆，讓社會和事物都回到它的自然和本性上去。

為此，莊子在《馬蹄》篇中還說了一個論據：在上古赫胥氏的時候，老百姓在家裡不知道做些什麼，走動也不知道去哪裡，可以邊吃邊玩，或者鼓著吃飽的肚子到處遊逛，如此而已。可是聖人出現後，教造禮樂來匡正天下百姓的形象，標榜不可企及的仁義來慰藉天下百姓的心，於是人們便開始想方設法地去尋求智巧，爭先恐後地去競逐私利，甚至深陷物欲之中而不能自拔。這難道不是聖人的罪過嗎？

所以，莊子認為，一個人如果要生活得快樂，必須擺脫世俗的種種限制和樊籬，回到「真我」中去。否則，就失去了自己，也就沒有快樂可言。

《莊子．養生主》中講了一件事：

老聃死後，朋友秦失去弔喪，號哭三聲便匆匆離去。

老聃的弟子疑惑不解，問道：「你不是我們老師的生前好友嗎？」

秦失說：「是呀。」

弟子們說：「那麼像這樣弔唁朋友，不妥吧？」

秦失說：「沒有什麼不妥。原來我認為你們師從老聃多年都是超脫物外的人了，現在看來我是大錯特錯了。剛才我進入靈房時，有老年人在哭，像父母哭自己的孩子；有年輕人在哭，像孩子哭自己的父母。他們之所以會來這裡，肯定有人本不想說什麼卻控制不住自己訴說了什麼，本不想哭泣卻無奈地痛哭起來。如此是違反常理、背棄真情的。他們都忘掉了人是稟承於自然、受命於天的道理，古時候人們稱這種做法就叫做違反自然的做法。你們的老師偶然來到人間，是應時而生；你們的老師偶然離開人世，是順依而死。這都是安於天理和常分，順從自然和變化。所以，哀傷和歡樂便都不應該進入你們的心懷。」

由此，我們可以看出，對於世俗的喪禮，秦失顯然是沒有遵守。不僅如此，莊子似乎刻意地想向世俗宣示著什麼，這當然有他的理由，但問題不在於這種理由，而在於他對於這理由的堅持，並付諸行動。很多人或許有和莊子同樣的想法，但是他們會把這想法隱藏起來，妥協於人群和世俗，循規蹈矩地行事。但莊子不然，他想盡可能地做一個真實的人，也就是真人。雖然處在人世間，人不得不「吾行卻曲」，也就是被扭曲，如莊子的「不譴是非以與世俗處」，但是對真的追求永遠不會消失，並一定會在生活中表現出來。

我們都說人生是一場戲，在這齣漫長的戲裡，我們不是做自己而是在演自己。為了某一個目的，或是飛黃騰達或是名揚天下，我們甘願出賣自己的真心，說著一些言不由衷的話，做著一些自己不喜歡甚至討厭的事情。為了保護自己不受到傷害，我們往往會戴一張面具，讓別人看不清我們的臉，也看不清我們的心靈。

在面具的掩護之下，我們小心翼翼地走在人生的旅途之中，時不時說活得好累，偽裝的滋味真的很難受，但是又沒有勇氣徹底摘掉面具，因為有太多的牽絆。不得已的時候，也只能這樣安慰一下自己，大家都是這樣過來的，也許這就是所謂人生的磨練吧。我們原本是一顆有稜有角的石頭，經過社會的磨練之後，我們變得圓滑了，人生路也順利了，可是當我們停下腳步反省的時候，我們悲哀地發現，我們已經不再是以前的那個自己了，「我」成了別人。

有時，我們還會犯這樣的錯誤，認為別人需要看到強大、能幹、成熟的自己，卻忘記了什麼是真實的自我。我們太渴望表現得像自己想像的那樣了，結果把我們真實的自我變成了滑稽可笑的模仿者。

所以，莊子認為，想要生活得快樂，就要像那馬兒一樣，餓了吃草，渴了飲水，高興時脖子交錯在一起相互摩擦，生氣時背對背相互踢撞玩耍，也就是說，最重要的就是保持「真我」的本色。

只唱自己想唱的歌，只畫自己想畫的畫；你只能做一個由你的經驗、你的環境和你的家庭所造成的你。不論好壞，你都得自己創造自己的小花園；不論好壞，你都得在生命的交響樂中，演奏你自己的小樂器。

有的人喜歡富足，有的人崇尚自由，自己想要什麼樣的生活應該完全由自己來決定。不要讓別人的思想左右了你，只要你自己喜歡，只要你能為自己的快樂而滿足，你就可以享受屬於你的生活。如果你一直覺得不滿，那麼即使你擁有了整個世界，也會覺得傷心。

生活在現代社會裡，在日常生活中我們或多或少都會為了自己的生活去偽裝一下自己，這也是情有可原的，只是希望有時候可以暫時把自己的面具摘下來，讓你的親人和朋友看到真實的你，這樣也可以使你自己得到暫時的休息。

《聖經》上說：你出自塵土，必歸於塵土。既然一切皆空，那麼我們來到這個世上，不妨做做主人，且要做一回大度的主人，不必計較得失而設計最美的行程。這樣，即使將來歸於塵土，也坦然自若。

48. 自大之心不可有，自卑之心也不必

原文

夫尊卑先後，天地之行也，故聖人取象焉。天尊，地卑，神明之位也；春夏先，秋冬後，四時之序也。萬物化作，萌區有狀；盛衰之殺，變化之流也。夫天地至神，而有尊卑先後之序，而況人道乎！宗廟尚親，朝廷尚尊，鄉黨尚齒，行事尚賢，大道之序也。

——《莊子．天道》

譯文

尊卑、先後，這都是天地運行的規律，所以古代聖人取而效法之。上天尊貴，大地卑下，這是神明的位次；春夏秋冬，四季循環。萬物變化而生，萌生之初便存在差異而各有各的形狀；盛與衰，這是事物變化的流別。天地，是最為神聖而又玄妙的，尚且存在尊卑、先後的序列，何況是人類呢！宗廟崇尚血緣，朝廷崇尚高貴，鄉里崇尚年長，辦事崇尚賢能，這是自然的法則。

【人生感悟】

「夫尊卑先後，天地之行也，故聖人取象焉。」這段話見於莊子的《外篇．天道》。意思是說，位有尊卑，序有先後，這是古代聖人都知道的自然的道理，是我們這個世界本來就存在的自然規律。

所以，莊子認為，位有尊卑，序有先後，是很自然的，就像春、夏、秋、冬四季花開一樣，作為人不要有什麼負擔。尊貴的人不要覺得高人一等，卑賤的人也不要覺得低人一等。

莊子的這種思想，到現在仍不為很多人所瞭解。

可憐的追逐「名」的人，對地位高、名聲大的人畢恭畢敬，在他們面前可以把自己打扮成哈巴狗；在地位名譽不如自己的人面前，又把自己打扮成奴隸主，吆三喝四，好不威風。「沒有價值」的人，在「有價值的人」面前抬不起頭來，寧願做他們的奴僕；價值低的人，在價值高的人面前抬不起頭來，寧願做他們的奴僕；「有價值的人」，在「沒有價值的人」面前趾高氣揚，頤指氣使。

一個「沒有價值的人」，不可能有快樂，不可能愛惜自己的生命。一個「有價值的人」，總會發現還有比自己更有價值的人，比較的結果自己還是一個「沒有價值的人」。人性、生命、快樂、幸福就是在這種社會價值的追求與比較當中被毀滅的。

還有的人在與自己同等級、同層次的人講話時，表現比較正常，行為舉止都會比較自然、大方。但是，在與比自己地位高的人交往時，就可能感到緊張，表現比較拘謹，並且自卑感強；相反，在與社會地位低於自己的人講話時，就會表現得比較自如、自信，甚至比較放肆。

比如，有的人在自己的上司面前從不敢「妄言」，與同一單位的人也不多說話，可是在自己的下屬面前講話時，則落落大方，侃侃而談。有的則在一般人面前總是擺出一副能者的架勢，可是一見到權威就顯得十分馴服和虔誠。

因此，上下屬之間的對話，上司要力求避免採取自鳴得意、命令、訓斥、役使下屬的口吻說話，而是要放下架子，以平易近人的方式對待下屬。這樣，下屬才會向你敞開心扉。談話是雙邊活動，只有感情上的貫通，才談得上資訊的交流。

平等的態度，除說話本身的內容外，還透過語氣、語調、表情、動作等體現出來。所以，不要以為是小節，純屬個人的習慣，不會影響上下屬的談話。實際上，這往往關係到下屬是否敢向你接近。此外，上司同下屬談話時，要重視開場白的作用。不妨與下屬先扯幾句家常，以便使感情接近，打掉拘束感。

上司同下屬說話時，不宜做否定的表態：「你們這是怎麼搞的？」「有你們這樣做工作的嗎？」在必須發表評論時，應當善於掌握分寸。點個頭或者搖個頭，都會被人看作是上司的「指示」而貫徹下去，所以，輕易的表態或過於絕對的評價都容易失誤。

例如，一位下屬彙報某改革試驗的情況，作為上司，只宜提一些問題，或做一些一般性的鼓勵：「這種試驗很好，可以多請一些人發表意見。」「你們將來有了結果，希望及時告訴我們。」這種評論不涉及具體問題，留有餘地。如上司認為下屬的彙報中有什麼不妥，表達更要謹慎，盡可能採用勸告或建議性的措詞：「這個問題能不能有別的看法，例如……」「不過，這是我個人的意見，你們可以參考。」「建議你們看看最近的一份資料，看看有什麼啟發？」這些話可以產生一種啟發作用，主動權仍在下屬手中，對方容易接受。

下屬對上司說話，則要避免採用過分膽小、拘謹、謙恭、服從，甚至唯唯諾諾的態度講話，改變誠惶誠恐的心理狀態，而要活潑、大膽和自信。

下屬跟上司的說話，成功與否，不只影響上司對你的觀感，有時甚至會影響你的工作和前途。跟上司說話，要尊重，要慎重，但不能一味附和。「抬轎子」、「吹喇叭」等等，既有損於自己的人格，又得不到重視與尊敬，倒很可能引起上司的反感和輕視。

在保持獨立人格的前提下，你應採取不卑不亢的態度。在必要的場合，你也不必害怕表示自己的不同觀點，只要你從工作出發，說事實，講道理，上司一般是會予以考慮的。

49. 允許別人跟自己不一樣

原文

道與之貌，天與之形，無以好惡內傷其身。

——《莊子．德充符》

譯文

道賦予人容貌，天賦予人形體，不要因自身的好惡而致傷害了自己的身心健康。

【人生感悟】

莊子認為，人都有自己喜歡的東西和不喜歡的東西，這很正常。你喜歡的東西當然很好，但是你不喜歡的東西也要允許它的存在。況且，無論你喜歡還是不喜歡，都不能阻止它的存在。如果你因為自己的好惡而驚喜或惱怒，那必定會損害到你的身心健康。這和我們現在醫學上所講的「負面情緒有損我們的身體健康」是完全相符的。莊子從養生的角度告訴世人不要沾染人情，人情不利於人的養生。嗜欲越多，天機越淺，要養生，就不能沾染人情。

進一步理解莊子這段話，對於自己是這樣，對於別人也是一樣的，我們要允許別人跟自己不一樣——不一樣的思想，不一樣的個性，不一樣的生活方式等等，不要用自己的喜好去衡量別人，也就是說要允許別人按他自己的方式生活而不去干涉。

已故當代作家王小波在《一隻特立獨行的豬》中說，對生活作種種設置是人特有的品性。他認為世界上只有兩類人：一種是想要設置別人生活的人，另一種是對被設置的生活安之若素的人。

前一種人總是希望別人按自己的意願和喜好生活，以為自己喜歡的別人就喜歡，自己堅持的別人就要堅持，結果卻是碰一鼻子灰。

比如為人父母者，會有意或無意地把自己未完成的心願讓孩子承擔起來，這對孩子是一種壓力，也很不厚道。很多父母甚至把自己一生的遺憾寄託在孩子身上，一直逼孩子往自認為是正確的路上走。即使孩子並不適合，或者不喜歡，譬如學鋼琴，譬如出國。為了把孩子培養成藝術家、音樂家，許多父母把物力、財力、精力全都傾注在孩子身上，對孩子在藝術方面的期望遠遠超過了培養興趣的範圍。在這種壓力下，家庭變得不快樂，親子的愉快時光成了鬥爭大會。犧牲了親子的和諧關係，追求一些莫名其妙、也不見得正確的父母理想。當子女長大回想起童年，盡是不快樂的回憶。

又比如，一對情侶或夫妻，很多時候需要一種包容，因為對方永遠也不會變成你需要的那個樣子，就像你也永遠變不成對方所需要的那樣一樣。即使變成了，另一個人的思想隨著閱歷也會發生很大的改變。年輕的情侶總是希望對方變得像誰誰一樣，可是這樣下去經過若干的輪迴，或許你發現還是最初的那個他是最好的。年輕的時候你希望對方能夠成熟一些，但真的變成這樣了，你或許又會認為人還是簡單一些好，但磨去的棱角怎麼能再回來？記得有人曾經說過，成功就是做最好的自己。如果愛對方的話，就幫助他做好最完美的他自己。

其實，每一個人都有自認為正確的生活方式，每一個人都有自以為可以讓自己開心的快樂。

有的人出門搭計程車、坐地鐵還喊累；有的人進城坐公車，靠雙腳，挺快活。

有的人住高樓，上下電梯，四季空調，還心悶；有的人住平房，雞鴨亂跑，四面透風，挺自在。

有的人飯局太多，無可奈何，慷慨赴宴，喝完再吃解酒藥，這叫活受罪；有的人飯局少，沒事時，三兩老少爺們酒會聚一聚，整二盅喝爽了倒頭就睡，這叫快活。

著名女作家三毛說，她想有一間自己的書房，不要有窗，也不必太寬敞，只要容得下一桌一椅一檯燈即可。桌上放一疊書，燈下是一個真實的人，聽得見自己的心跳。

每個人都有自由，如同你也有自由選擇走這條追求真善美之路，他們也有自由來選擇走其他的路。誰都不應有「你必須跟隨我」的這種態度。他們應該隨著自己的意志而行，那是他們的人生旅程，在他們來到這個世界之前就已經規

劃好了的路程，你無權干涉別人的想法和他們選擇的生活方式。

我們可以各自有不同的意見，但仍彼此相愛，沒有問題。你們可以喜愛小鳥、小狗、小貓、大象和所有的眾生，牠們也都和你不相同，不是嗎？牠們跟你所吃的也不一樣，如果你愛一隻大象，就強迫牠吃豆腐，那太荒謬了！對牠太不公平了，牠會死掉！

外國有一個故事，是說一位國王，他非常喜愛一隻小鳥，將牠捉來關在一個黃金製的籠子裡，上面綴滿鑽石、紅寶石和翠玉等等。他每天都餵牠吃各種他自己喜歡吃的山珍海味，像是牛排、豬排、漢堡、麥當勞薯條、肯德基炸雞，他每天還餵牠喝威士忌、伏特加、蘭姆酒等等，因為國王認為這些就是他所能給他最愛的寵物最好的東西。

不過如你們所知，小鳥不喝威士忌，小鳥也不吃雞肉，牠們只吃一些穀類，喝一些純淨的泉水，在廣大的天空和無垠的蒼穹之間自由自在地歡唱飛翔。如果這位國王真的愛這隻小鳥的話，他應該放牠自由，讓牠過一般小鳥應有的生活，自己選擇喜歡吃的東西，隨時都能展翅高飛，夜晚來臨時能安然入睡，快樂地生活在大自然之中。

同樣地，我們也是如此，對你而言很好的事物，不一定對別人也很好。你認為很好的事物，是因為你喜歡，而且對你有益，可是別人也許不願嘗試，這不是使我們遠離他們的理由。為什麼老是批評別人這裡不好、那裡不好、他們都很壞、很冷酷無情，毋須如此。我們應做我們想要做的，讓別人做他們想要做的。

天空收容每一片雲彩，不論雲彩美麗或醜陋，所以天空才能廣闊無比；高山收容每一塊岩石，不論岩石巨大或渺小，所以高山才能雄偉壯觀；大海收容每一朵浪花，不論浪花清冽或混濁，所以大海才能浩瀚無比。

50. 施恩圖報乃人際交往大忌

原文

施於人而不忘，非天布也。商賈不齒，雖以事齒之，神者弗齒。

——《莊子．列禦寇》

譯文

施予別人恩惠卻總忘不了讓人回報，遠不是自然對著普天之下廣泛而無私的賜予。施恩圖報的行為商人都瞧不起，即使有什麼事情必須與他交往，內心也是瞧不起的。

【人生感悟】

莊子認為，一個人為別人做了好事，應當忘記，不要念念不忘，更不應希冀別人回報。「施恩慎勿念，受施慎勿忘。」先賢們為我們留下了許多「施於人而不求回報」的例子。

晉人葛洪所撰《神仙傳》上記載：

三國時期，東吳有個人名字叫董仙，住在廬山，行醫濟世，替人家治病，他不向患者要金錢報酬，也不問患者的名字，只求患者回去後栽種杏樹。治好輕病的栽一棵，治好重病的栽五棵，若干年後，共栽得杏樹*10*萬棵，綠樹成林，造福子孫後代。所以人們後稱杏樹為「董仙杏樹」，並作為救死扶傷醫治病人的美譽別稱。董仙為別人做了好事，不是要受惠者給自己恩謝，而是要求受惠者為他人、為社會做好事，此種境界實為莊子思想的最好詮釋。

正人君子要濟危扶困，一心一意地幫人解除危難。如果幫助別人的目的是為了得到別人的回報，就不是真心幫助。只幫助那些可以得到回報的人，希望別人以錢財名譽回報，而對於陷入困境需要拯救的人不願幫助，見死不救，這完全是自私自利，假仁假義，不是正人君子的行為。給人恩惠不求報答才是真心實意，問心無愧，良心才能得到平和，才能對自己有利。所以說，幫助別人解除困難而不圖回報才是真心幫人。

莊子說，施恩圖報的行為商人都瞧不起，即使有什麼事情必須與他交往，內心也是瞧不起的。清代詩人馮班說：「為惠而望報，不如勿為，此結怨之道也。」意思是：給予別人恩惠卻又希望得到別人報答，還不如什麼都不給，否則反而會因此與別人結下怨恨。

所以，施惠圖報乃人際交往之大忌。

要做到施惠勿念，還要培養「有德不必望感」的思想品格。

明代重臣宋纁在《古今藥石．憬然錄》中說：「我有德於人，不必望感。」意思是說，我對別人有恩德，不應該希望別人對我感恩戴德。《菜根譚》中也講：「為善而急人知，善處即是惡根。」其意是說，一個人做了一點善事就急著讓人知道，證明他做善事只是為了貪圖虛名的讚譽，這種懷著個人目的才去做善事的人，在他做善事的同時就種下了偽善的禍根。要塑造自己有德不必望感的品格，樹立多行善事而不求回報的風格，這是道義的要求，是人類進步的標誌。施惠勿念主要講的是對人施恩後不要念念不忘，而要把這種精神擴展到社會，那就昇華到了一種無私奉獻的境界。

我們應該把古人講的「施恩莫記」，作為今天待人處世的座右銘。一個人能施惠於人，本來是件好事，但如若責其回報，不僅原來的好意將灰飛煙滅，而且表現了自己人格的低下。

所以，有高人總結出「施恩莫記」的三個階段：

第一階段：捨不得。捨不得也要捨得。

第二階段：捨得。人一捨得，就會越捨越得。宋江捨得財產性命幫助兄弟，自然就會收穫多多，最後自然而然成為首領。你付出了多少就會收穫多少，從來沒有只種不收、只收不種。

第三階段：大捨得。這個階段是「白給」的階段。施捨不求回報，說明不求還恩。這種境界只有聖人才能做到。耶穌白給世人以道，老莊白給世人以道，都意在成全世人，為什麼要成全世人？因為愛！父母愛子女，略微相似。但父母還希望子女很有孝心，聖人卻不作任何要求。其實，這個世界上冥冥之中自有輪迴，施恩不圖報的人，最終可能得到更好的福報。

明朝時，顧佐擔任太倉州（今江蘇省太倉縣）的提控官（司法官員的一種）。他生性仁厚正直。一次，他聽說城外江家餅店店主被誣告盜竊而入獄，顧佐知道江家是冤枉的，就代其申訴於官府，經調查後，江家因此得以歸還清白。

江家主人出獄後，為了報答顧佐仗義相救，便帶他十七歲的女兒到顧佐家答謝說：「小民無以為報，願把小女奉君作妾或奴婢為君照顧起居，灑掃整理。」

顧佐沒有接納，他知道江家經濟拮据，就準備一些薄禮，送江女返回。

江家起初以為顧佐可能礙於顏面，故作推拒，於是再送，三送，顧佐始終堅持表示不會接受，並告訴他們：「人生天地間，應當為其所當為。我領朝廷俸，為百姓做事，此即是我當為者。提振綱常，方能挽回世道，去邪窒欲，才能清明人心；我一向以清淨自守，胸中於禮法因果，確信不疑，我誠心幫你，別無企圖。」

隔了數年，顧佐任期屆滿，考試晉級，赴京城在韓侍郎的衙門任職。有天因事到侍郎府候見，侍郎外出，尚未歸返。忽聞門下傳報：侍郎夫人到。顧佐立刻跪在門庭，低頭不敢仰視。夫人說：「請起，您是太倉州的顧提控（官名）嗎？我就是江家餅店的女兒，當年蒙您搭救我家，才能洗去不白之冤。後來家境窘困，父親將我賣於商人；幸虧商人待我如女兒一樣，又將我嫁於韓侍郎為偏房，之後，扶為正房夫人。因為您昔日的正直所為，我才有今日之富貴；受人滴水之恩，當湧泉以報，何況您的大恩大德呢！我常因為不能報答您的恩德而遺憾，今日幸得老天相助，能遇著您，我定將此實情稟告韓侍郎。」

韓侍郎歸返府中，夫人即向他陳述事情之始末，侍郎說：顧佐，仁義之君子也！

侍郎官將顧佐為平民平冤的善事，上疏皇帝明孝宗，明孝宗讚嘆顧佐：「訓俗正德，不欺民女，可以為民父母，可以作君股肱；清心寡欲，必為忠君愛國之良臣。」並下令查哪一個部門有官缺，即將顧佐擢升為刑部主事。

善有善報可見一斑。

51. 不必在意別人的評價

原文

天下之非譽，無益損焉，是謂全德之人哉！

——《莊子．天地》

譯文

天下人的非議和讚譽，對於他們既無增益又無損害，這就叫做德行完備的人啊！

【人生感悟】

莊子認為，一個人，只有對別人的評價和各種的流言蜚語都無動於衷的時候，才算修煉到家了，這樣的人才能真正地享受生活，從生活中得到更多的快樂。

而現實生活中，我們卻常常因別人的評論左右自己，因別人的閒言碎語自尋苦惱。按莊子的觀點來說，其實大可不必。每個人都有自己的生活方式，我們不必為沒有得到理解而遺憾嘆惜。如果整天要按別人的意志去生活，要看人家的喜惡行事，成了別人的精神奴隸，就不會有真正屬於自己的生活。

日本哲學家西田幾多郎有一首詩：「人是人，我是我，然而我有我要走的道路。」是啊，我們有我們自己的生活目標和生活方式，如果我們自己不能選擇自己喜愛的生活方式，走自己想走的路，而是處處要看別人的臉色行事，這無疑是在為別人而活，這樣活法又有什麼意義呢？為人處世，凡事總想討別人的歡心，實際上是一種心理乞丐。

改變這種狀況的條件，不僅包括了頭腦聰明，亦須具有「不在乎別人」的那種定力。這種定力，並非人人都能夠做得到。

北宋時的白雲守端禪師有一次和他的師父楊岐方會禪師對坐，楊岐問：「聽說你從前的師父茶陵郁和尚大悟時說了一首偈，你還記得嗎？」

「記得，記得。」白雲答道：「那首偈是：『我有明珠一顆，久被塵勞關鎖，今朝塵盡光生，照破山河萬朵。』」語氣中免不了有幾分得意。

楊岐一聽，大笑數聲，一言不發地走了。白雲怔在那裡，不知道師父為什麼笑，心裡很愁煩，整天都在思索師父的笑，怎麼也找不出他大笑的原因。那天晚上，他輾轉反側，怎麼也睡不著，第二天實在忍不住了，大清早去問師父為什麼笑。楊岐禪師笑得更開心了，對著因失眠而眼眶發黑的弟子說：「原來你還比不上一個小丑，小丑不怕人笑，你卻怕人笑。」

白雲聽了，豁然開朗。是啊，只要自己沒有錯誤，笑又何妨呢？

也許你還有這樣的感受，做人做事，哪怕是穿一件新衣服，說一句什麼話，都會不自覺地考慮到別人會怎樣看，會不會不高興，總想辦法，盡量按照別人的期望去做，擔心順了姑心失了嫂意，怕別人失望，被別人笑話，甚至責罵。對於偶爾未能盡如人意，或聽到背後有人非議自己，就耿耿於懷而不可終日。

其實，一個人將生活的焦點和生命的重心放在看別人的眼光、臉色和喜惡上，千方百計去克忍自己，迎合別人，是非常愚蠢的，且不說千人千性，眾口難調，你不可能滿足所有人的要求，即使能，也只能扭曲自己，最終失去自己，失去自己的生活樂趣和生命價值。

說實在的，無端被人責難、被人誤解、被人誣陷，有時比遭到明火執仗的刀砍斧剁還要難受，特別是當內心的委屈、忿懣、悲傷無處訴說，有口難辯時，更是苦不堪言。有的人就是這樣因為「人言可畏」像阮玲玉一樣走上了自我毀滅，一了百了的不歸之路。

話又說回來：「坐下來說人，站起來被人說。」評價人和被人評價都是一種正常的生活現象，誰人背後無人說，哪個人前不說人？「謠言止於智者。」不管別人怎麼看你，如何說你，你大可不必太在意、太認真，更不要去理睬，舌頭長在別人嘴裡，說什麼是他們的自由，該怎樣做是你的權利。人是一種崇尚實力的動物，在這競爭強烈、弱肉強食的世界，關鍵是自己要有實力；沒有本事，誰會理你，你又能怎樣去理別人？試想，如果自己窮困潦倒，被迫沿街乞討，你還會在乎別人對你的看法？恐怕那些平日對你口水噴噴的人連點殘羹餘飯都不會施捨於你。反過來，當你像李嘉誠、比爾．蓋茲一樣強大，你會在乎人家在你背後的評頭論足？即使讓他們罵個口水連天又能奈何得了你什麼？

所以，人最要緊的不在於別人怎麼看你，而是要考慮自己的路該怎麼走，怎麼走才能走得更好。千萬不要按別人的思維來對待自己，對待社會，什麼鳴冤叫屈、埋怨自己、怨天尤人、敵對別人、仇視社會，只會上了別人的當，中了別人的圈套，那些存心搬弄是非的人，其目的就是要讓你沒有好日子過。

還有這樣一個故事，有一個小和尚非常苦惱沮喪，禪師問他何故，他回答：「東街的大伯稱我為大師；西巷的大嬸罵我是禿驢；張家的阿哥讚我清心寡欲，四大皆空；李家的小姐卻指責我色膽包天，凡心未了。究竟我算什麼呢？」禪師笑而不語，指指身邊的一塊石頭，又拿起面前的一盆花。小和尚恍然大悟。

其實，禪師的笑而不語，正是一語道破了生命的本義。他的意思是說，石塊就是石塊，花朵就是花朵，自己就是自己，根本不必因為別人的說三道四而煩惱，別人說的，由得別人去說，那只是別人的看法而已。

很多時候我們就是陷於別人對我們的評論之中。別人的語氣、眼神、手勢……都可能攪擾我們的心，削弱了我們往前邁進的勇氣，白白損失了做個自由快樂人的權利。

要知道，嘴長在別人身上，你若想要別人在你背後閉嘴不談論你，除非你是隱形人，或者你和大家都沒有利害關係和衝突。事實上這是不可能實現的。那麼，你唯一能做的，就是不要理會這些「酸風醋雨」。如果你在意它們，它們就會滲入你的身體，折磨你的神經，腐蝕你的信心，將你改造成一個畏首畏尾的驚弓之鳥。

可見，當別人對你的所作所為蜚短流長時，最好的方法，就是抱著「有則改之，無則加勉」的心態。美國前總統林肯說：「只要我不對任何攻擊作出反應，這件事就只有到此為止。」

如果你沒有做錯事，那麼就挺起胸膛，勇敢地面對眾人挑剔的目光吧。相信一句老話：「時間能證明一切。」你的所作所為終究會代替先前的傳言，從而在別人心中塑造出你真正的形象。

環顧我們生活的周圍世界，我們會十分明顯地感到一點，要想使每個人都對自己滿意，這是十分困難而且不大可能的。實際上，如果有50％的人對你感到滿意，這就算是一件令人愉悅的事情了。要知道，在你周圍，至少有一半人會對你說的一半以上的話提出不同意見。只要看看西方的政治競選就夠了：即使獲勝者的選票佔壓倒性多數，但也還有40％多的人投了反對票。因此，對一般人來講，不管你什麼時候提出什麼意見，有50％的人可能提出反對意見，這是一件十分正常的事情。

當你認清這一點之後，你就可以從另一個角度來看待他人的反對意見了。當別人對你的話提出異議時，你也不會再因此而感到情緒消沉，苛責別人或者為了贏得他人的讚許而即刻改變自己的觀點。相反，你會意識到自己剛巧碰到了屬於與你意見不一致的50％中的一個人。只要意識到你的每一種情感、每一個觀點、每一句話或每一件事都總會遇到反對意見，那麼你就不會輕易改變自己的立場了。當我們做事之前已經想到某種後果，而一旦出現這種後果時，你就不會出現很大的情緒波動，或者措手不及。因此，如果你知道會有人反對你的意見，你就不會自尋煩惱，同時也就不會再將別人對你的某種觀點或某種情感的否定視為對你整個人的否定。

《菜根譚》說：「毀譽褒貶，一任世情。」也就是說，一個飽經風霜、嘗盡人間酸甜苦辣、看透人情世故的人，不管人情冷暖或世態炎涼如何發生變化，不管別人如何非議責罵甚至橫加非難，都懶得睜開眼睛去過問其中的是非曲直，更不必說浪費珍貴的口水去做無謂的解釋，對一切譭謗讚譽都會無動於衷，我行我素，餓了吃，睏了睡，該做什麼做什麼，想做什麼做什麼。

走自己的路，讓別人說去吧！

52. 成心算計別人，必會反為人害

原文

物固相累，二類相召也。

——《莊子．山木》

譯文

物與物互相累害，這是由於兩類之間互相招引貪圖所致。

【人生感悟】

莊子中有這樣一則寓言：莊周到雕陵栗園遊玩，看見一隻奇異的鵲鳥從南方飛來。翅膀有七尺寬，眼睛有一寸長，牠從莊周面前飛過時，碰到莊周的額頭也不理會，最後落在栗樹林中。

莊子驚異自問：「這是什麼異鳥？翅膀很大卻不遠飛，眼睛很大卻不見人。」

於是，他提起衣角快步跟去，手執彈弓準備射牠。忽然看見異鵲停棲的那棵栗樹，有一夏蟬，正美滋滋地躲在樹蔭中納涼，忘了自身安危。有隻螳螂正利用樹葉的掩護，作勢欲捕夏蟬，卻因心繫外物而忘了自身安危。那隻剛剛停在樹上的異鵲，由於欲捕螳螂才終止了遠飛，由於僅見螳螂才看不見莊子，由於喪忘遠飛高舉之真德，遂成莊子之彈弓的目標。

見了這個場面，莊子不覺心驚，怵然省悟：「物固相累，二類相召也」，如果一心一意去計算人家，必然會導致物物相殘的後果。我現在手執彈弓欲射異鵲，不是同樣心繫外物而忘了自身安危？想到這裡莊子趕緊扔下彈弓，回頭就跑。恰在此時，看守果園的人以為他偷摘栗子，便追逐著痛罵他。

所謂「螳螂捕蟬，黃雀在後」，這個有名的成語就是出自這則寓言。由這則寓言引申出一個結論：成心謀算他物，自以為聰明，結果卻招引別物來謀害自己。因而，唯有消除心計，不要小聰明，才能免於捲入人物競逐的循環爭鬥中。

話又說回來，人若精明，有時確能佔得不少便宜。但太過精明，情況就難說了，因為瞭解了你之後，別人也必定會以精明加以防範，精明的人往往看不到這一點。精明的人，可以精明一次，也可以精明兩次，但很少有人能精明一輩子的；因為一次精明是啟發，二次精明是教訓，三次精明就是警惕啊！

曾經有人將世間各色之人的精明程度分為四個等級。

第一個等級是外相敦厚，為人處世絕不以精明自居，甚至讓人感覺有些傻乎乎，但骨子裡卻是十分精明者。這種人，往往讓人產生一種高度的信任感。這種精明，是最高層次的精明，所謂「精明不外露」，以及「大智若愚」，就是這個意思。

第二個等級是讓人一眼看上去就感覺渾身透著精明，而內底子也確實相當精明的人。但「精明外露」已非上品，不免讓人處處防範，其「精明」的效果也就有限，充其量只能算是二等貨。

第三個等級是本身既無多大能耐，看起來也就是傻子一個，正因其內外都「傻」，本人既無「自作聰明」之舉，他人對其也全不設防，進而有不忍欺之者，故尚可安居三等。

第四個等級是看起來一臉「精乖」相，亦往往自認為精明過人，骨子裡卻愚不可及。此等角色人見人厭，成事不足敗事有餘，是為末等。

以上四色人等，又並非一成不變，如第二等者，一旦「精明」過頭，聰明反被聰明誤，往往會淪入末等而不復；而原為第三等者，如能在世事磨練中逐漸悟出人生真諦，則搖身一變而躋身頭等行列者亦不乏其人。

特別是當你進入一個新單位，一切都是嶄新而陌生的，這一階段你最關鍵的任務並不是創造出什麼大的成績來，而是要實現與上司和同事的人際磨合，為其所容納。你先不要把力氣用錯了地方。只有先站得住腳，你才能夠談得上開創事業。

初來乍到，你不要過分表現自己的言行。你的目的是顯而易見的，那就是使自己顯得比別人更能幹、更高明，但這只會增加同事的威脅感，聯合起來對付你，使你陷於孤立窘境，甚至是在上司面前說你的壞話。

要知道，上司往往喜歡謙虛的下屬，而不喜歡愛表現自己的下屬。下屬如果急於表現自己，會讓上司覺得你好出風頭、有個人主義傾向，不利於組織內部的團結和穩定，因而他肯定不會支持你。此外，急於表現自己，往往會使你得罪同事，由於上司要依靠這些熟悉情況的人工作，他也會照顧一下他們的情緒，他很可能會批評你，給你一些小的教訓，作為警示。

人們常常喜歡與單純的人交往，輕鬆、自然，不用費盡心機提高警惕。這倒不是說單純的人是傻子，是可以隨意欺騙與作弄的，而是說他心地純淨、平和、淡泊。這樣的人也做得很多，想得很深，看得很透，但他把心智放在更有價值和更有意義的事情上。

53. 平庸和傑出的差別在於能否堅持

原文

天道運而無所積，故萬物成；帝道運而無所積，故天下歸；聖道運而無所積，故海內服。

——《莊子．天道》

譯文

天道運行不中斷和停滯，所以萬物得以生成；帝王之道運行不中斷和停滯，所以天下百姓歸順；聖人之道不中斷和停滯，所以四海之內人人順服。

【人生感悟】

莊子說，天道是生生不息、運動不止的，所以萬物得以生成；古代的聖王和聖賢，能夠效法天道生生不已的精神，治理和教化天下的百姓也從不中斷和停滯，所以天下歸心，百姓順服。「運而無所積」，這句話裡的「運」，指運行、運動；「積」，是積滯、停滯的意思。

莊子認為，世上有很多人都有成為聖人的遠大理想，他們也確實為之而奮鬥了，可是，最後的成就者卻寥寥無幾。究其原因，且不論能力和才智等條件，最重要的是，他們缺少了持之以恆的精神。

一個人做一點事並不難，難的是持之以恆地做下去，直到最後成功。生活中，許多人做事之初，都能保持旺盛的鬥志。這個階段，普通人與傑出的人，是沒有多少差別的。然而，往往到最後那一刻，頑強者與懈怠者便各自顯現出來了，前者咬牙堅持到勝利，後者則喪失信心以致放棄了努力，於是，便出現了涇渭分明的結局。

開創了一番偉業的美國著名教育家戴爾．卡耐基，原本是一個很普通的人，而且曾經很自卑，但他後來終於覺醒了，依靠自己不懈的奮鬥改變了命運。

卡耐基出身貧寒，從小就要幫助家裡工作。為了賺取必不可少的學費，他還經常替人家幹活。但他不肯向現實屈服，總想尋求改變命運的途徑。

他發現，學校裡有兩種人最受重視：一種是體育出色的人，如棒球隊員；再一種就是口才出眾的人，如在演講賽中的獲勝者。他選擇了後者，決心在演講方面下工夫，爭取在比賽中獲勝。

卡耐基勤學苦練幾個月，但在演講賽中一次又一次失敗了。屢次失敗，讓他痛苦不堪，他甚至想到過自殺。然而，他終究不肯認輸，又繼續努力。次年，他開始獲勝了。這個突破，為他以後的事業播下了希望的種子。

一位演講與交際界的世界大師，當初竟然也在演講賽中屢遭失敗。這個迴異的反差說明，古今中外，眾多的成功者並不是依賴好運氣，而是得力於他們在挫折面前敢於咬牙堅持下去的精神。

作為一個要有所作為的人，難道說你寧可永遠後悔，也不願意試一試自己能否轉敗為勝？然而，我們卻常常在不該打退堂鼓時拚命打退堂鼓，因為恐懼失敗而不敢嘗試成功。

一個成功的商人曾說：「勝利的希望和有利情況的恢復，往往產生於再堅持一下的努力之中。最艱難之時堅持最後五分鐘，事情可能就會有了轉機。社會上的失敗者，大多數不是由於沒有能力，而是因為沒有堅決的意志。這樣的人，做事有頭無尾，永遠懷疑自己能不能成功，難以抉擇自己該做哪一件事。有時，他對於自己的情況感到滿意，但一經別人慫恿，又感到過於卑下。」

譬如蓋房子，打好圖樣後，自然要依據圖樣按部就班地去修建。那麼，這座房子，在他的努力下，遲早會有建成的那一天。但是，他若一邊建造，一邊覺得哪裡不妥，就在哪裡改動一下。這裡建造一下，那裡改動一下，試問：房子哪一天才可以建成啊？即使造成了，這房子能讓人感到滿意嗎？

所以，平庸和傑出的不同之處，就在於能不能持之以恆，堅持到最後。堅持下去就是勝利，半途而廢則前功盡棄。

蘇聯作家奧維狄烏斯說：「滴水穿石不是靠力，而是因為不捨晝夜。」不管讀書，還是做事情，每個人都能想出一千條理由來，但卻往往缺乏恆心，結果只落個「還是不成」的失望下場。生活中，如果能持之以恆地做成一件事，那在以後的行動中，就會增強暗示力，把缺乏恆心的習氣一掃而光。

54. 敢於面對自己的弱點

原文

吾所謂聰者，非謂其聞彼也，自聞而已矣；吾所謂明者，非謂其見彼也，自見而已矣。

——《莊子．駢拇》

譯文

我所說的聰明，不是指那些能認知別人的人，而是指能夠認清自己罷了。我所說的視覺敏銳的人，不是說能看得清別人，而是指能夠看清自己而已。

【人生感悟】

以莊子的觀點來說，一個人真正的聰敏，不是在意別人所說，而是聽到所說檢查自己是否有過錯，對於別人不好的語言我們在聽的同時，也要考慮自身是否存在這樣的問題。如果確實存在，就不能躲避，否則會引起別人更大的誤會。

美國伊利諾州眾議院的議員康農就是一個處理類似問題的高手。在他初任眾議院的議員，當眾演講時，言辭流利的紐澤西州代表斐普士說：「這位從伊利諾州來的先生，口袋裡恐怕還裝著雀麥吧？」

斐普士的意思是諷刺康農還未脫掉農村氣息，而全會場的人聽見了，頓時哄堂大笑。

面對如此窘迫的場面，康農自有他的處理辦法。康農雖相貌粗野，心裡卻很明白，他坦白承認斐普士先生所說的，雖然是嘲弄，但也是事實，從容不迫地回應說：「我不僅在口袋中裝有雀麥，而且頭髮裡還藏著草籽，我是西部人，難免有些鄉村氣，可是我們的雀麥和草籽，卻能長出最好的苗來。」

康農的這一看似自貶身分的反駁，卻名聞全國，大家認為他是敢於面對自己弱點的英雄。為此大家恭敬地稱呼他「伊利諾州最好的草籽議員」。

康農說：「對付嘲笑這一類事，不能閃躲，也不能害怕，你越閃躲、越害怕，它便越攻擊你，使你日夜不寧，你若迎頭痛擊，反而能為你所克服，而無所施其技。就好像遇到野狗一樣，狗若見你怕牠，牠便越肆意咆哮，你若轉身對付牠，牠反而停止狂吠，向你搖尾乞憐。」

正確的做法要像康農一樣，敢於面對自己的弱點，承認事實，而這些無關大體的小弱點，正體現了你自己誠信忠實的性格，自己的缺點，本是想努力改進的事，哪裡怕人家道破呢？自然平安無事了。

美國前總統林肯說：「頭腦清晰的人，絕不以完人自居，他自知有許多缺點須待改進，而別人的批評，正可以把這些不自知的缺點揭露出來，我們的臉皮，不可太薄，一受批評，言中你的缺點，便神經過敏，而不能強自鎮定，這是缺點；但如果臉皮太厚，漠然無動於衷，而不接受別人的批評，改進自己的缺點，這也是不對的。」

心性懦弱的人，會被嘲笑的力量壓彎了原來挺拔的脊樑；而心性剛強的人，則會把別人的嘲笑視作一種完善自我的力量。

三國時期，曹操決定北上征服塞外的烏桓。因為南方劉備和孫權虎視眈眈，因此此時遠征十分危險，許多將領紛紛勸阻，但曹操還是率軍出擊，將烏桓打敗，基本完成了統一北方的大業。凱旋歸來後，曹操命人調查當初哪些人曾經不同意北伐。

那些人以為要受到重罰，都十分害怕。不料曹操卻給他們豐厚的賞賜。所有的人都很奇怪：北伐已經大獲全勝，勸阻的人怎麼反而得到賞賜呢？

曹操說：「北伐之事確實十分冒險。我雖然僥倖勝了，這是天意幫忙，並不表明是我決策英明。諸位的勸阻才是出於萬全之計，所以要獎賞，我希望大家以後更加敢於發表不同意見。」之後，大家更加盡心盡力地為他效勞了。

曹操力排眾議而大勝，卻絕不驕傲，而是充分肯定有一定道理的下屬，這不僅是一種智慧，更是一種英雄人物的度量。

有功則歸於自己，有過則推諉給下屬，是今天一些領導者最大的特點之一。而只有懷有雄才偉略的人，才能夠像曹操這樣，承認自己的錯誤，肯定下屬的可取之處。

55. 不要處處顯示自己智慧過人

原文

古之存身者，不以辯飾知，不以知窮天下。

——《莊子．繕性》

譯文

古時候善於保存自身的人，不用辯說來顯示自己智慧過人，不使用自己的智謀而令天下人困頓。

【人生感悟】

莊子認為，要想保護自己就不要靠辯說、智巧來使他人窘迫，要懂得尊重他人。如果你認為自己有學問，知道得多，說話時處處顯示自己的高明，好像別人在你面前就是傻子，這樣別人心裡自然不暢快。況且「術業有專攻」，你懂的別人未必懂，別人懂的你未必懂，如果聽到別人說話中的瑕疵，你就大聲地指出來，而且口若懸河地解釋一番，那麼，別人容顏何存？選擇讓雙方都愉快的說話方式，這樣才叫會做事，才能做成事，與人相處才能更加愉快。

所以莊子告誡我們：「不以辯飾知。」也就是說不要處處顯示自己智慧過人。

那麼，怎樣才能做到這一點呢？有四個方面很重要。

（一）不以抬槓的方式顯示自己的智慧

現實中，有些人是很聰明，但更喜歡爭辯抬槓，以顯示自己是個有想法且聰明勝於別人的人，搭上話就針鋒相對，無論別人說什麼，他總要加以反駁，其實他自己一點主見也沒有。不過當你說「是」時，他一定要說「否」，當你說「否」的時候，他又說「是」了。事事要佔上風，實際上卻已經屬於下風。

即使你真的智慧過人，也不應該以這種態度去和別人說話。你不為對方留一點面子，非把他逼得無路可走才心滿意足，甚至讓人無話可說，達到心理上的滿足，這種不良習慣會使你自絕於朋友和同事；沒有人願意給你提意見或建議，更不敢向你提一點忠告。你本來是一個很好的人，但不幸你染上了這種壞習慣，朋友、同事們都遠你而去了。

富蘭克林說：「如果你老是抬槓、反駁，也許偶爾能獲勝，但那只是空洞的勝利，因為你永遠得不到對方的好感。」唯一改善的方法是養成尊重別人的習慣，不在不必要的瑣事上、在不值錢的面子問題上斤斤計較，要把快樂的感受讓給別人。

（二）順著對方說話，不追求表面的勝利，要得到實實在在的好處

任何決心有所成就的人，絕不會為了自己的一時快樂，而不顧別人的感受；相反，他們總是讓

對方心裡舒舒坦坦的，順著對方說話，避免了很多障礙，自己做起事來也順順當當。

華克公司承包了一項建築工程，預定於一個特定日期之前，在費城建設一幢龐大的辦公大廈，一切都照原定計劃進行得很順利。大廈接近完成階段，突然，負責供應大廈內部裝飾銅器的承包商宣稱，他無法如期交貨。如果真是這樣的話，整幢大廈都不能如期交工，公司將承受巨額罰金。長途電話、爭執、不愉快的會談，全都沒效果。於是傑克先生奉命前往紐約，當面說服銅器承包商。

「你知道嗎？在布魯克林區，有你這個姓名的，只有你一個人。」傑克先生走進那家公司董事長的辦公室之後，立刻就這麼說。

董事長吃驚：「不，我並不知道。」

「哦，」傑克先生說，「今天早上，我下了火車之後，就查閱電話簿找你的地址，在布魯克林的電話簿上，有你這個姓的，只有你一人。」

「我一直不知道，」董事長說。他很有興趣地查閱電話簿。「嗯，這是一個很不平常的姓，」他驕傲地說。「我這個家族從荷蘭移居紐約，幾乎有兩百年了。」一連好幾分鐘，他繼續說到他的家族及祖先。當他說完之後，傑克先生就恭維他擁有一家很大的工廠，傑克先生說他以前也拜訪過許多同一性質的工廠，但跟他這家工廠比起來就差得太多了。「我從未見過這麼乾淨整潔的銅器工廠。」傑克先生如此說。

「我花了一生的心血建立這個事業，」董事長說，「我為它感到驕傲。你願不願意到工廠各處去參觀一下？」

在這段參觀活動中，傑克先生恭維他的組織制度健全，並告訴他為什麼他的工廠看起來比其他的競爭者高級，以及好處在什麼地方。傑克先生還對一些不尋常的機器表示讚賞，這位董事長就宣稱是他發明的。他花了不少時間，向傑克先生說明那些機器如何操作，以及它們的工作效率多麼良好。他堅持請傑克先生吃中飯。到這時為止，你一定注意到，傑克先生一句話也沒有提到此次訪問的真正目的。吃完中飯後，董事長說：「現在，我們談談正事吧。自然，我知道你這次來的目的。我沒有想到我們的相會竟是如此愉快。你可以帶著我的保證回到費城去，我保證你們所有的材料都將如期運到，即使其他的生意都會因此延誤也不在乎。」

傑克先生甚至未開口要求，就得到了他想要的所有東西。那些器材及時趕到，大廈就在契約期限屆滿的那一天完工了。

生活中有很多人是這樣的：如果你順著他的毛摸，他便對你好得不得了，甚至不惜為了你的事喪失原則。但如果你不尊重他，他便處處跟你過不去，有事沒事找你的碴，讓你總感到不舒服。但哪天你請他喝酒，給足他的面子，他便又視你為友，立即忘記以前的不快。

因此，你自己要衡量一下，你是寧願要一種字面上的、表面上的勝利，還是要得到實實在在的好處？讓對方心順，自己做事就會順利。順著對方說話，他就聽你的。脾氣再大，城府再深，主觀再強的人也吃不消這一招。

（三）不要強迫別人接受你的觀點

首先你要明白，在日常談論中，你的意見未必是正確的，而別人的意見也未必就是錯的。把雙方的意見綜合起來，你至少有一半是對的。那麼，你為什麼每次都要別人接受你的觀點呢？大概有這種壞習慣的人當中，聰明者居多，或者是些自作聰明的人，也許他太熱心，想從自己的思想中提出更高超的見解，他以為這樣可以使人敬佩自己，但事實上完全錯了。一些平凡的事情，是沒有必要費心做高深研究的，既然不是在研究討論問題，又何必在一些瑣碎的事情上固執己見呢？在輕鬆的談話中其實不用太認真的。

別人和你談話，他根本沒有準備請你說教，大家說說笑笑罷了。你若要硬作聰明，拿出更高超的見解（即使確是高超的見解），對方也不會接受的。所以，你不要總露出要教訓別人的神氣。

對不能完全瞭解我們說服內容的人，千萬不可意氣用事，必須把自己新建議中的重要性及其優點，一下植入他的心中，讓他確實明白。舉一個例子加以說明，假如你前往說服別人，第一次不被接受時，千萬不可意氣用事地說：「講也是白講！」「講也講不通！浪費唇舌。」一次說不通就打退堂鼓，這樣是永遠沒有辦法使說服成功的。

（四）話多不是聰明，說到點子上，說得是時候才是聰明

在公共場合演講，有的人長篇大論，滔滔不絕，用語言的觸角抓住了每一位聽眾，自然令人欽佩；有的人把自己的意思濃縮成一句話，猶如一粒沉甸甸的石子，在聽眾平靜的心湖裡激起層層波浪，同樣值得稱道。

《墨子．子禽問墨子》裡有一個故事。

子禽問他的老師墨子：「老師，多說話到底有沒有好處？」墨子回答：「話要是說得太多，還有什麼好處！比如池塘裡的青蛙，整日整夜地叫，雖然自己口乾舌燥，卻從來沒有人理會牠。但是，雄雞只在天亮時啼兩三次，大家卻很留意，知道天快要亮了。所以說，話不在多，要說得有用處，在於講得是時候。」

當代社交研究人員認為，不少場合，多數交談的毛病不是出於那些講話太少的人，而是那些講話太多的人。凡是讓人厭煩的人幾乎都是喋喋不休、從來不肯閉嘴的人。大巧若拙，大辯若訥，那些看起來好像言語遲鈍的人，卻是真正有智慧、會說話的人。

「驚人一語，勝似千言。」但得到這「驚人一語」，所需要的工夫，並不亞於千言。把話講短，也並非易事。

56. 多交朋友，少樹敵

原文

彼正而蒙己德，德則不冒，冒則物必失其性也。

——《莊子·繕性》

譯文

各人自我端正而且斂藏自己的德行，德行也就不會冒犯他人，德行冒犯他人那麼萬物必將失卻自己的本性。

【人生感悟】

莊子認為，無論一個人的德行多高，都應該有所收斂，不去冒犯別人，這樣才能做好自己，廣結他人。人生就是著眼於人與人之間的溝通、交往，並使人們享受事業成功和生活中的快樂。

俗話說：「單槍匹馬難闖天下，寡助之人難成大業。」「一個籬笆三個樁，一個好漢三個幫。」人生成功的要訣在於，不僅要靠親戚、師生等拉關係，還要廣交天下朋友，織成龐大人脈網絡。要知道，「朋友多了路好走」，各路朋友皆能派上用場。

例如，戰國時的四大公子——齊國的孟嘗君、魏國的信靈君、趙國的平原君、楚國的春申君，廣結天下豪傑之士，即使是雞鳴狗盜之徒，他們也絕不捐棄，一樣地敞開大門。這樣，才使得他們麾下人才眾多，各具異能，這成為中國歷史上的一段佳話。

人際交往是個反覆的過程，不是一次而已的往來。只有長久的朋友，才能成為真正的朋友，才能在需要時「招之即來」。在人際關係上，若投機取巧，則無異於騙子，必將會自食苦果。

要樂於結交朋友，無論何時何地何人，只要他想主動結識你，你就應該馬上做出友善的回應，向對方展現你的真誠和友善。千萬要記住，多結交一個朋友就等於多一條路。多善待一個希望結識你的人，你就多增加了一份人脈，因此就可以多得到一次良機。

每個人都會有許多的朋友，在人生路上，離不開朋友的關心、幫助和鼓勵。與朋友處好關係，大家同舟共濟，才能使自己的大道坦蕩而寬敞。「千里難尋是朋友，朋友多了路好走。」人們都願意多交朋友，這就是其中的道理所在。

古希臘神話中有一位大英雄叫海格力斯。一天他走在坎坷不平的山路上，發現腳邊有個袋子似的東西很礙腳，海格力斯踩了那東西一腳，誰知那東西不但沒有被踩破，反而膨脹起來，加倍地擴大著。海格力斯惱羞成怒，抄起一根碗口粗的木棒砸它，那東西竟然長大到把路堵死了。

正在這時，山中走出一位聖人，對海格力斯說：「朋友，快別動它，忘了它，離它遠去吧！它叫仇恨袋，你不侵犯它，它便小如當初，你侵犯它，它就會膨脹起來，擋住你的路，與你敵對到底！」

那麼怎樣才能少樹敵呢？

（一）和為貴

「和」的思想來自儒家學說。《論語．學而》中說：「禮之用，和為貴。先王之道，斯為美；小大由之，有所不行，知和而和，不以禮節之，亦不可行也。」意謂運用禮義教化可使各種關係達到和諧統一。

「和」，一個再通俗不過的字，通俗到人們似乎根本不需要去聯想就可信口說出「和」的繽紛意象：和平，平和，和諧，和合，和睦，醇和，和氣……紛紜世界裡，真的少不了這一派祥「和」，絕對是中國的，而且絕對是東方文化區別其他文化的最本質的標記。

「和」是一種境界，是一種精神。歷經五千多年而心心相傳，「和」已經深入到每一個中國人的血液裡，「和」（和而不同）「合」（天人合一）成為中國思想文化中被普遍接受和認同的人文精神，它縱貫整個中國思想文化發展的過程，積澱於各個時代的各家各派思想文化之中，因此，它表現了中國思想文化的首要價值和精髓，也是中國思想文化中最完善最富生命力的表現形式。

（二）不要揭對方的短處

《韓非子．說難》中有云：「夫龍之為蟲也，柔可狎而騎也，然其喉下有逆鱗徑尺，若有人嬰之者則必殺人。人主亦有逆鱗，說者能無嬰人主之逆鱗，則幾矣。」龍在溫馴的時候，人可以騎在牠的背上，如果你摸牠咽喉下直徑一尺左右逆生的鱗，牠必定會吃掉你。如人與人之間的交往，對方的短處就是逆鱗，你卻抓住這個加以苛責，必然會令對方感到無地自容，那麼你就應當小心了，總有一天有一支暗箭會射向你。因此，即使應該指責對方時，也要為其留一點退路。

（三）得理要饒人

「得理不饒人」，雖然讓你吹著勝利的號角，但這卻是下次爭鬥的前奏。「得理不饒人」傷了對方，有時也連帶傷了他的家人，甚至影響了你在其他鄰居中的美好印象。

「有理走遍天下」。其實，「有理」與「無理」僅有一步之遙。

得理不饒人，不僅沒有人情味，有理也會變得無理。用這種方式處世的人，當然不可能有好人緣。何況，你得理時不饒人，以後有機會別人也不會輕易放過你。「得理不饒人」，讓對方走投無路，有可能激起對方「求生」的意志，從而「不擇手段」，這將對你自己造成傷害。給對方留有餘地，見好就收，結果就不同了。由此可見，得理不饒人是既害人最終也害己。冤家宜解不宜結，一個懂得寬容別人過錯而不記仇的人，「仇人」就會良心發現反過來以誠相報。這樣，就能團結一切能夠團結的力量，就會少有羈絆，無負重而輕鬆前行。

（四）讓一讓，三尺巷

茫茫人海，人與人之間難免會產生誤會、摩擦。如果不注意，在輕動仇恨之時，仇恨袋便會悄悄成長，最終會導致堵塞了通往成功之路。所以一定要記著在自己的仇恨袋裡裝滿寬容，那樣你就會少一分煩惱，多一分機遇。

清代宰相張英與葉侍郎是鄰居，葉家建房佔了張家一牆，為此事張夫人寫信到京城。張宰相閱後作答：「千里家書只為牆，再讓三尺又何妨。萬里長城今猶在，不見當年秦始皇。」夫人接此信後，心生愧意，立即令家丁將自家的牆後退三尺。葉侍郎家見此情景，也感慚愧，跟著把院牆後移三尺。這樣一來，張、葉兩家院牆之間多了一條六尺多寬的巷道。

與人相處的重要一點就是要有寬容心，古人都能做到「讓一讓，三尺巷」，如今的我們就更要珍惜以和為貴，切不可「得理不饒人」，更不能「無理攪三分」。否則，你只會到處樹敵，樹得多了，就成為一堵牆，嚴實地堵住了你的去路。

57. 與人相處不可過親，也不可過疏

原文

以禮飲酒者，始乎治，常卒乎亂，泰至則多奇樂。凡事亦然，始乎諒，常卒乎鄙；其作始也簡，其將畢也必巨。

——《莊子・人間世》

譯文

按照禮節飲酒的人，開始時還可能規規矩矩，喝到差不多的時候就混亂大失禮儀了，若達到醉生夢死的程度時就荒誕淫樂、放縱無度了。任何事情都是這樣，開始時相互諒解，到後來互相鄙視；開始時簡單純真，最後則變得紛繁複雜。

【人生感悟】

莊子認為，喝酒可以，但不能喝多，喝少許酒對身體有好處，喝多了就會走樣。任何事在一開始時都是單純的，但隨著時間的推移，認知的加深，就會變得越來越複雜。

所以，花要半開，人要半醉。花全開了，把自己暴露在外，容易受到損傷，別人也失去了興趣；人要全醉了，就不是自己了，腿腳和大腦就失去了控制。

如果用在為人處世上，就是不要過親，也不能過疏，保持一段合適的距離為好。

為什麼這麼說呢？一般來講，人與人密切相處當然不是一件壞事，否則怎麼會有「親密的戰友」、「親密的夥伴」、「如膠似漆的伴侶」等譽詞呢？但任何事情都不能過分，過分就會走向極端。俗話說，「過儉則吝，過讓則卑」，就是這個道理。在現實生活中，這種「親則疏」的現象較為普遍。因此，朋友之間不可以過密，夫妻之間不可過膩，上下屬之間不可以過親，否則就會造成彼此的傷害。

（一）朋友之間不可以過密

人都是孤獨的個體，所以有時人害怕孤獨，希望有人能與自己共撐一片天，能相識，並成為朋友實屬不易，要珍惜這份友誼，要用淡水來澆灌，否則，太濃了就容易凋謝。

社會不斷發展，人性的陰暗面也越來越多地暴露出來，朋友的價值也不斷地受到污染，這時候唯一具有可信性的或者說能夠給人信心的就剩下「哥兒們」，更保險點說是「朋友」。

但是，在「哥兒們」面前更要保持冷靜，不要失去應有的平衡。

朋友的誘惑在於「有福同享，有難同當」，在於「兩肋插刀」的氣魄。有這麼多誘人的東西擺在面前，彷彿只要有了鐵哥們，一切問題就都不是問題了。但朋友也不是萬能的。你沒錢的時候，苦悶的時候，有錢的時候，高興的時候找到朋友，都是最好不過的事。

保持「友誼之樹常青」的最好辦法就是親疏有度，一旦破壞友誼之船，就會逆向而行。

（二）夫妻之間不可過膩

西方有一種「刺蝟理論」說：刺蝟渾身長滿針狀的刺，天一冷，牠們就會彼此靠近，湊在一塊。但仔細觀察後發現牠們之間始終保持著一定的距離，原來，距離太近，牠們身上的刺就會刺傷對方；距離太遠，牠們又會感到寒冷。只有若即若離，距離適當，才能既保持理想的溫度，又不傷害對方。

中國有句老話「久別勝新婚」，講的是夫妻之間不必成天耳鬢廝磨，適度的分別更能增添夫妻生活的情趣。推而廣之，在人們日常交往中，交際雙方表現出過分的親密或糾纏不清，有時也會讓人感到不自在。

在戀愛中，聰明的姑娘永遠堅持「說話留一半」，永遠讓你覺得意猶未盡，若有似無的甜才不會覺得膩。為什麼？因為適當的距離產生美，空隙產生愛。不僅是男女之情需要「說話留一半」，在平常人際交往的過程中也需要「說話留一半」，有時不妨睜隻眼閉隻眼、留一半清醒留一半醉。

（三）上下屬之間不可以過親

孔子說過一句話：「臨之以莊，則敬。」（《論語．為政》篇）這句話的意思是，領導者不要和下屬過分親近，要與他們保持一定的距離，給下屬一個莊重的面孔，這樣就可以獲得他們的尊敬。

領導者與下屬保持距離，具有許多獨到的駕馭功能。首先，可以避免下屬之間的忌妒和緊張。

如果領導者與某些下屬過分親近，勢必在下屬之間引起忌妒、緊張的情緒，從而人為地造成不安定因素。其次，與下屬過分親近，可能使領導者對自己所喜歡的下屬的認知失之公正，干擾用人原則。

作為一名領導者，要善於把握與下屬之間的遠近親疏，使自己的領導職能得以充分發揮。

58. 求全責備的人沒有追隨者

原文

不苛於人，不忮於眾。

——《莊子．天下》

譯文

不對人提出苛刻的要求，不與大家的意願相違背。

不苛責於人，是莊子在為人處世方面給我們的忠告。

【人生感悟】

漢書．東方朔傳裡說：「水至清則無魚，人至察則無徒。」意思是說，如果水一塵不染的話，就不會有魚在其中游動，人如果真的明察秋毫，把一切都分辨得清清楚楚的話，就不會有人追隨。

有一次，楚莊王大宴群臣，命令一個美姬依次為眾人斟酒。

黃昏時分，個個喝得酒酣耳熱，蠟燭也燃盡了。有位臣子趁機牽扯那個美姬的衣服，美姬順手就拉斷了他的帽纓，然後向楚王哭訴，要求點亮燈辨認。楚莊王聽了，下令說：「今天你們來和我飲酒作樂，不拉斷帽纓不算玩得痛快。」眾人都拉斷帽纓投入火中，狂歡作樂，盡興才罷宴。

等到楚國圍困鄭國的戰爭開始後，有位將領經常在與敵人交鋒的前五個回合取下敵人五個首級大敗敵軍。圍鄭之役取得勝利後，楚莊王詢問他是何人，才知他就是那天晚上被那名斟酒的美姬拉斷了帽纓的人。

老子的學生文子在其著作中說：「每個人都有其短處，只要大節不壞，就應該肯定；人有微小的過失，不應因此而拒絕使用。」

漢文帝時，袁盎曾經做過吳王劉濞的丞相，有一個從史，與他的一名侍妾私通。袁盎知道後，並沒有洩露出去。有人卻說了些話嚇唬從史，那個從史就逃跑了。袁盎親自去將他追回來，竟然將侍妾賜給了他，對他仍像過去一樣。

漢景帝時，袁盎入朝擔任太常，奉命出使吳國。吳王當時正在謀劃反叛朝廷，想將袁盎除掉。他派五百人包圍了袁盎的住所，袁盎卻毫無察覺。

恰好那名從史在圍守袁盎的軍隊中擔任校尉司馬，就買來兩百石好酒，請五百個兵卒開懷暢飲。圍兵們一個個喝得酩酊大醉，癱倒在地。

當晚，從史悄悄走進了袁盎的臥室，將他喚醒，對他說：「你趕快走吧，天一亮吳王就會將你斬首。」袁盎問他：「你為什麼要救我呢？」

校尉司馬對他說：「我就是那個蒙你不殺偷了你的侍妾的從史呀！」

於是袁盎大驚，趕快逃離吳國，終於躲過了一場殺身之禍。

因此，容納那些德行有過但確有才幹的人，對方可能會在意想不到的地方派上大用。俗話說，金無足赤，人無完人。如果你事事苛察，求全責備，眼裡容不下一粒砂子，凡事睚眥必報，怎麼會有人跟隨你呢？

怎樣才能做到不苛責於人呢？從為人處世上說，我們在平常的生活與交往中，應在以下幾個方面注意：

（一）對朋友不能太苛求

找一個幫手很容易，而獲得一個朋友很難，這兩者的價值是不相同的。生活在一個全新的社會，雖然友誼的內涵變得豐富、深刻，但朋友的重要性仍然十分明顯。

法國作家羅曼．羅蘭說：「友誼是畢生難覓的一筆珍貴財富。」

你可以廣結朋友，也不妨對朋友用心善待，但絕不可以苛求朋友給你同樣的回報。善待朋友是一件純粹的快樂的事。如果苛求回報，快樂就會大打折扣，而且失望也同時隱伏。畢竟，你待他人好與他人待你好是兩碼事，就像給予與接受是兩碼事一樣。

其實，交朋友不一定非要交有刎頸之情的朋友。在人心不古、情感浮泛的今天，想交一個如清代文人張潮所說：「雖千百里之遙，皆可相信，而不為浮言所動；聞有謗之者，即多方為之辯析而後已；事之宜行宜止者，代為籌畫決斷；或事當利害關頭，有所需而後濟者，即不必與聞，亦不慮其負我與否」的朋友已絕非容易的事情。

交友要慎重並不是說任何人都是不可交的，慎重只是對待交友這件事情本身的態度，在此前提下，交下了的朋友還要互相理解，互相支持，彼此包容，彼此寬宥錯誤，真誠相待，只有這樣友誼才是永遠保鮮，永遠不會變質。如果對朋友充滿了苛刻的態度，求全責備，這樣很難交上真心的朋友，試問人非聖賢孰能無過呢，朋友之間就要互相勉勵，共同進步。

（二）對愛人不能太苛求

一位七旬老人一生孤獨地流浪。路人問他：「為何不娶妻成家？」老人說：「我在尋找一個完美的女人！」路人反問：「那你流浪這麼多年，就沒遇到一個完美的女人？」老人悲哀地回答：「我曾經遇到一個。」「那你為什麼不娶她？」老人無奈地說：「因為她也正在尋找一個完美的男人！」

只要我們稍加留意就會發現，這些遲遲沒有結婚的年輕男女並不是因為貧窮和醜陋，相反，多半是既有事業也有美貌。他們對自己苛求完美，同理，他們對自己要找的愛人也苛求完美。世界上除了男人就是女人，這給人們提供了太多的選擇，令他（她）們眼花撩亂。

人人都在這個世界上行色匆匆地追求著各自的完善，卻不知所追求的絕對完善根本就不存在，反而在尋找絕對完善中被塵埃淹沒，在無謂的奔波中忽略了許多珍貴的東西。而夢想的完善，一輩子也未能得到，留下的只有遺憾。

（三）對婚姻不能太苛求

兩個人共同生活，都會遇到一些矛盾，心理健全的人可以承受住一般的爭執而不會產生情感的裂縫。但長期的苛求，吹毛求疵所產生的壓力，常常會拖垮雙方。

苛求是人的性格中的不良成分，但苛求不是天生的，而是源於一個人的境遇。生活中的煩惱，工作上的挫折，離自己追求的目標和心目中的理想狀態是那麼遙遠，於是變得急躁、不滿，最後發展為苛求。

分析一個人的心理，找出這些打擊，並且引導它們發洩出去，這是消除性格中苛求成分的最好方法。以吹毛求疵的方式來發洩，只不過是火上加油而已。

以苛求的眼光環視婚姻，任何人都沒有幸福；以苛求的眼光看待愛人，任何人都有缺憾。苛求的人看不到生活的樂趣，苛求的人得不到家庭的幸福。

不苛求是善待婚姻的最好方式，充分理解對方的行事做法，不苛求不責備，如此，必然給對方愛的源泉，婚姻一定如童話般妙趣橫生，和美幸福。

（四）對公平不能太苛求

人世間的任何事情都無法做到絕對公平，總是要有人承受不公平，要吃虧。倘若人們強求世上任何事物都公平合理，那麼，所有生物鏈一天都無法生存——鳥兒就不能吃蟲子，蟲子就不能吃樹葉，世界就得顧及萬物各自的利益。

而有些人總是「利」字當頭，什麼虧都不能吃，什麼便宜都想佔，自己做了對不起別人的事情臉不紅心不跳，別人做了對不起他的事情記恨一輩子，看別人時戴著顯微鏡，高標準、嚴要求，對自己就總是網開一面，另當別論。這樣的人怎麼會討人喜歡？這樣的精明，表面上看起來似乎十分實用，實際上正是做人的一大禁忌。

（五）對結局不能太苛求

完美主義者在做事的時候總是力求不存缺憾，哪怕是無關緊要的細節也不肯放過。卻不知要求完美是一件好事，但如果做過了頭，反而比不完美更糟糕。

我們逃脫不了不完美的糾纏。有時，我們覺得活得很累，這正是因為我們企圖躲避這種糾纏。我們想使一切變得周全，既要師長滿意，又要自己自由；既不想觸犯同事，又想潔身自好；既想得到一份報酬合理的工作和漂亮的愛人，又想去天邊雲遊，享受一個人面對世界的寂靜。我們氣喘吁吁地走在人生路上，沒有學會拒絕，不會正視指責，不敢背叛某些應該背叛的原則。我們活在別人的眼裡，很少想到自己、按自己的方式生活。我們強求完美，因而違背了不完美的客觀性，變得無所適從。甚至，我們要求諸事皆以大團圓為結局，這個想法就像枷鎖一樣，使我們悶悶不樂。

人生是不完美的，所以我們對於生活中種種不如人意的事不必介意！人生既然是不完美的，那麼我們對於人生中許多不完美的人和事可以表示不煩不躁，表示容忍和大度，表示理解和寬容。如果人人都能理解「不圓滿才是人生」，那麼人人都會感到幸福的存在，從而時時感受幸福，享受幸福。在我們這個星球上，人人都感受到了幸福，那麼我們的世界也就變成了美好的人間！

59. 重視小的建設，才有大的成就

原文

是故丘山積卑而為高，江河合水而為大，大人合併而為公。

——《莊子．則陽》

譯文

丘山的崇高，由低卑的土石累積而成；江河的浩大，由細小的支流匯合而成；聖賢的公道，由民眾的意願併合而成。

【人生感悟】

莊子認為，任何大的事物都是由小的東西累積而成，沒有小就沒有大，沒有小的聚合，就沒有大的生成。積少才能成多，積小才能成大。

兩個漁夫聽說海螺在市場上特別搶手，於是一大早就出去撿海螺。年輕的漁夫心想：「我眼睛好使，腿腳又俐落，比起那個老的來，我的收穫肯定要多得多，而且一定要挑選那些又大又好

的。」

一老一少兩個漁夫開始撿海螺。老漁夫只要看見海螺就如獲至寶地撿起來，年輕人總是撇撇嘴，暗自說：「這麼小的他也要，彎一次腰多不划算！」

不一會兒，老人的袋子裡就有了一小半了，而年輕人的袋子還是軟塌塌的。年輕人還是不屑一顧地說：「那有什麼！我走得快，而且眼睛尖，只要我發現一處海螺多的地方，我彎一次腰就能撿得更多。」

年輕的漁夫就這樣走了大半天，始終沒有發現海螺又多又大的地方，他的袋子裡還是只有一點，那還是他實在不情願地彎了幾次腰得到的收穫，而老人的袋子已經脹得鼓鼓的了。

晚上，兩個人一同回去，遇見另一個漁夫。那個人問道：「那個地方的海螺多嗎？」

老漁夫樂呵呵地回答說：「多啊！很多啊！你看我一天撿了這麼多呢！」

年輕漁夫的聲音同時也夾雜在裡面：「哪裡有什麼海螺啊！一塊地方只有零星的幾個，不值得撿！」

為什麼在同一個地方、同一時間，兩個人的收穫有如此大的不同？最後得出的結論也如此懸殊呢？為什麼懷抱著「做大事，賺大錢」志向的年輕人反而收穫甚微？

其原因在：老漁夫沒有像年輕漁夫那樣心高氣傲，他珍惜每一顆海螺，寧願為一個海螺而折腰。而年輕人非「一口就能吃胖」的地方不出手，可是哪裡有這麼多又大又好的海螺供他一個人撿呢？小的不要，零散的不要，又怎能有豐厚的積累呢？

舊時商人的不捨微利，既表現其「大魚」「小魚」兼得的盈利思想，又表現其經營技巧的高明。微不足道的小商品，卻往往是生活中不可缺少的東西，居家過日子誰也離不開，因此便要經常不斷地走進商店去，這就發揮了以小商品招攬眾多顧客的作用，造成生意興隆的繁忙景象，擴大影響，告知民眾：「本店貨全，大受歡迎！」從而提高聲譽，便會由小主顧引來大主顧，由薄利的小生意做成厚利的大買賣。如此一來，蠅頭小利豈不就變成「牛頭大利」了嗎？

同樣，生活當中，也有很多人參不透這個道理，只想著怎麼樣才能夠幹一番轟轟烈烈的大事業出來，結果往往都是好高騖遠，從而事事無成！殊不知，那一點一滴的小事情才是構成成功的主要因素！

對於微不足道的細微末節，我們絕不能夠將其草草一筆帶過！蠅頭小利，不能因利小而不為！同樣對於不良處事習慣，也不能姑息遷就，放任自流！古語有云：「一屋不掃，何以掃天下？」我們養成的習慣往往就是從那些小小的事情開始的，日積月累也就成了我們的習慣。而一個好習慣就可以成就一個人，壞習慣則會毀了一個人！

切莫因利小而不為，點點滴滴，從小做起，積少成多。或許，當你認真把握細微末節之時，找到其中暗藏的玄機，可能因此成為事業騰達的轉捩點。

善於從縫隙中發現別人不齒的財富，就會獲得別人永遠無法想像的大商機。

請看下面的事例。

兩個年輕人一同尋找工作，一個是英國人，一個是猶太人。

有一天，當他們走在街上，同時看到一枚硬幣躺在地上，英國青年看也不看地走了過去，猶太青年卻激動地將它撿起。英國青年對猶太青年的舉動露出鄙夷之色：一枚硬幣也撿，真沒出息！猶太青年望著遠去的英國青年心生感慨：讓錢白白地從身邊溜走，真沒出息！

兩個人同時走進一家公司。公司很小，工作很累，工資也低，英國青年不屑一顧地走了，而猶太青年卻高興地留了下來。

兩年後，兩人在街上相遇，猶太青年已成了老闆，而英國青年還在尋找工作。英國青年對此不可理解，說：「你這麼沒出息的人怎麼能這麼快就發了？」猶太青年說：「因為我沒有像你那樣紳士般地從一枚硬幣上邁過去，我會珍惜每一分錢。你連一枚硬幣都不要，怎麼會發大財呢？」

英國青年並不是不要錢，而是他眼睛盯著的是大錢而不是小錢，所以他的錢總在明天。但明天是一個未知數，況且明日復明日，明日何其多，有多少明日可以揮霍和等待啊？所以，英國青年不斷地喪失了自己的財富。而猶太青年卻懂得積少成多、萬丈高樓平地起的道理，從不忽略即使是一枚硬幣這樣的小的積累，兩年之後終於有了自己的公司。而英國青年還在等待自己的明天，守候著幻想中的財富。

事實上，賺小錢是賺大錢的基礎，很多富翁都是從一點一滴做起，都是從小生意賺到小錢才成為大富翁的。從一點一滴做起是賺大錢的必要步驟。因為在賺小錢的過程中，可以增加經驗、見識、閱歷，培養金錢意識和賺錢能力，同時積累人際關係。試想，一個連小錢都賺不到的人，如果交給他一家大公司，他又如何能管理得了呢？所以，要想賺大錢，還是要腳踏實地，從一點一滴做起，由小及大。

賺錢並不是什麼巨大的「工程」，也不需要長年累月地下決心，只需要在平常的狀態中從一點一滴做起。不要忽視微小的財富積累，無小不成大，無微不知著，凡事積少成多，集腋成裘，重視小的建設，才有大的成就。

60. 隱晦的表達，比直言直語更易被人接受

原文

寓言十九，藉外論之。

——《莊子．寓言》

譯文

藉用寓言說明事理，十中有九都令人信服，因為寓言是借助於外人、外物、外事來進行論說的。

【人生感悟】

《莊子》這本書最早明確地提出了「寓言」這個概念，而且也最早比較系統地闡述了寓言的理論。《莊子．寓言》篇中寫道：「寓言十九，藉外論之。」莊子認為寓言的特點是假借另外的事物以說明道理，所以寓言說理的成功率非常大。莊子舉例說：「親父不為其子媒。親父譽之，不若非其父者也。」做父親的不給自己的兒子做媒。做父親的誇讚兒子，總不如別人來稱讚

顯得真實可信。可見寓言的作用很大，寓言可以增加對聽眾或讀者的說服力，除去人的懷疑。

有時人類的語言，沒有辦法直接表達自己的思想，比如在與人談話時，直接講，對方反而不懂，改為一段笑話，說一個故事，不等到說完，對方哈哈大笑，他就懂了。這是人與人之間溝通思想意見，最好的辦法。所以我們遇到很難表達的思想時，最好的辦法是用笑話，用故事。所以《莊子》一書裡處處用寓言說明道理，莊子本人也很善於使用寓言。

有一次，惠子在梁國做宰相，莊子前往看望他。有人對惠子說：「莊子來梁國，是想取代你做宰相。」於是惠子恐慌起來，在都城內搜尋莊子，整整三天三夜。

莊子前往看望惠子，說：「南方有一種鳥，牠的名字叫鵷鶵（ㄩㄢ ㄔㄨˊ），你知道嗎？鵷鶵從南海出發飛到北海，不是梧桐樹牠不會停息，不是竹子的果實牠不會進食，不是甘美的泉水牠不會飲用。正在這時一隻鴟鷹尋覓到一隻腐爛了的老鼠，鵷鶵剛巧從空中飛過，鴟鷹抬頭看著鵷鶵，發出一聲怒氣：『嚇』！如今你也想用你的梁國來怒叱我嗎？」

寓言就是不直言，把話轉個彎說。人們都喜歡連綿起伏的山脈，喜歡蘇州園林中美妙的景色，因為它們都透過含蓄和隱晦的形式傳達出事物的價值，而不是直白地流露。說話做事，過於直白會讓對方感覺到突兀，強化彼此的利害衝突，出現關係緊張的局面，難以收場。善於隱晦表達，則會舉重若輕，讓彼此心照不宣地達成妥協。

宋太祖趙匡胤即位以後，手握重兵的兩個節度使起兵反對朝廷，後來經過艱苦的爭鬥才平定下來。這件事給宋太祖很大警示，他找到宰相趙普商量對策，決定削弱地方的兵權。過了幾天，宋太祖在宮裡舉行宴會，石守信、王審琦等幾位老將都來了。酒過三巡，大家開始無話不談。宋太祖說：「沒有大家的幫助，我不會有今天的地位。但是你們可能想像不到，做皇帝也有許多苦衷啊，有時候還不如你們自在。說實話，我好久沒有睡過安穩覺了。」

大家聽了知道裡面隱含著內情，就問其中的緣由。宋太祖仍舊不露聲色：「人們都說高處不勝寒，我站在很高的位置上已經感覺到寒意了。」

石守信等人知道宋太祖擔心有人篡奪他的皇位，非常惶恐，於是站起來跪倒在地上：「現在天下已經安定了，沒有人對陛下三心二意啊！」

宋太祖搖搖頭說：「你們和我南征北戰，我自然信得過。但是如果你們的部下為了攫取高位，把黃袍披在你們身上，會出現什麼情況呢？」

石守信等人聽到這裡意識到大禍臨頭，連忙求饒：「我們愚蠢，沒有過多考慮，請陛下指條明路吧。」接著，宋太祖讓他們做地方官，添置足夠的房產安度晚年，最終解除了他們的兵權。

宋太祖沒有採取軍事行動解除將帥手中的權力，而是在酒宴上與大家溝通，透過隱晦的方式表達出自己的意圖，使大家知難而退，達到了預期的目的。這就是隱晦表達、難得糊塗的處世技巧。

學會隱晦表達，能使我們給對方留有迴旋的餘地，在人際交往中實現良好互動，有利於把事情做好。一些人說話做事過於直白，不僅態度粗暴，還容易把人逼進死胡同，怎麼能有好關係呢？

在現實生活裡，「直言直語」是性格中一種很可愛、很值得大家珍惜的特質，也唯有這種「直言直語」的人，才能讓是非得以分明，讓正義邪惡得以分明，讓美和醜得以分明，讓人的優缺點得以分明。

但這種「直言直語」有時也是一把雙刃劍，刺傷別人的同時，也反過來傷害到自己。喜歡「直言直語」的人說話時常只看到表象或問題，也常只考慮到自己的「不吐不快」，而不去考慮旁人的立場、觀念、性格。他的話有可能是一派胡言，但也有可能鞭辟入裡。一派胡言的「直言直語」對方明知，卻又不好發作，只好悶在心裡；鞭辟入裡的「直言直語」因為直指核心，讓當事人不得不啟動自衛系統，若招架不住，恐怕就懷恨在心了。所以，直言直語不論是對人或對事，都會讓人受不了，於是人際關係就出現了阻礙，別人寧可離你遠遠的，免得一不小心就要承受你的直言直語；不能離你遠遠的，那就想辦法把你趕得遠遠的，眼不見為淨，耳不聽為靜。

因此，有這種直言直語個性的人應深思，並且建立幾個觀念：

（一）對人方面，少直言指陳他人處事的不當，或糾正他人性格上的弱點。這不是「愛之深，責之切」，而是和他過不去。而且，你的直言直語也不會產生多少效用，因為每個人都有一個內心堡壘，「自我」便縮藏在裡面。你的直言直語恰好把他的堡壘攻破，把他從堡壘裡揪出來，他當然不會高興。因此，能不講就不要講，要講就迂迴地講，點到為止地講，他如果不聽，那是他的事。

（二）對事方面，少去批評其中的不當。事是人計畫的、人做的，因此批評「事」也就批評了「人」，所謂「對事不對人」，這只是「障眼法」。除非你力量大、地位夠，否則直言直語只會替自己帶來麻煩！如果能改變事實，則這麻煩倒還值得；如果不能，還是閉上嘴巴吧！

（三）別指望和你一起工作的人都會站在你的立場考慮問題。意識到這一點，你會減少很多失望和挫折感。一定要謹慎選擇那些你想信賴或想向其一吐為快的人。

（四）不要在背後議論別人長短。比較小氣和好奇心重的人，聚在一起就難免說東家長西家短。你一定不要加入他們一夥，偶爾批評或調笑一些公司以外的人，倒無所謂，但對同事的弱點或私事，保持沉默才是聰明的做法。

人的一生難免會遇到很多對手，他們可能是威脅你順利發展的大敵。天下最好的藥，如不能對症，也不會有百分之百的效果。對人也是如此，如果不分青紅皂白便指其謂君子或小人，則必被刀俎。要以徹悟人生之眼透視對方，或迎頭一擊，或溫柔陪笑。

61. 禮儀是做人的根本，也是做事的基礎

原文

節而不可不積者，禮也。

——《莊子．在宥》

譯文

細末的小節不可不累積的，是禮儀。

【人生感悟】

莊子認為，人們的日常行為應該效法道，而不是以禮則為標準。按莊子的理解，道是出於自然的，而天地尊卑、四時有序，也是自然的道理。所以，禮體現的人間秩序，正是大道之序的反映，禮固在自然之中。

莊子說「節而不可不積者，禮也」，肯定了在自然之道下，逐步累積的禮則、禮儀、禮法，是

人在社會生活中必需的。因此，道家思想的薄禮儀、崇自然，並不是徹底地否定禮儀，他們只是反對那些繁冗僵化的禮儀形式。

在《大宗師》裡，子桑戶、孟子反、子琴張三人相與為友，他們「相與於無相與，相為於無相為」，「相忘以生，無所終窮」，他們之間的感情可謂是莫逆於心。但當子桑戶逝世，孔子聽到死訊，叫子貢去助理喪事時，子貢看見死者的兩位莫逆之交，一個編曲，一個鼓琴，兩人唱起歌來：「唉呀桑戶！唉呀桑戶！你倒是回到真的地方去了，可憐我們兩個還要做假的人！」子貢聽了便上前責問：「敢問人死了，在屍體邊不流淚，卻唱歌，這符合禮嗎？」二人相視而笑，說：「你哪裡懂得什麼是真正的禮！」

在一般人看來，臨屍而歌正是對喪禮的漠視，是一種非禮的行為。但在莊子看來，真正的禮，不僅表現為一種外在的儀式，更是內心真情的流露；孟子反、子琴張兩人憑弔方式同樣表達出對死者的哀悼和尊敬，當然也符合「真正的禮」的精神。

由此可見，莊子和道家鄙薄禮儀，並不是一種玩世不恭的處世態度。相反，莊子對禮儀的態度，是非常理性的。莊子認為禮儀在社會生活中是必需的。他反對刻意地去標榜「禮」，但不反對人們出自本性地遵守「禮」。

所以，我們在待人接物上，要懂得遵守禮儀。一個人待人接物有禮儀，這是做人的根本，也是做事的基礎。具體在生活細節上，有三個方面應當注意：

（一）不要把「客套話」僅當作形式

林語堂說：「中國人求人辦事時，像寫八股文一樣，寒暄和客套是少不了的。如果直截了當地開題，就顯得不風雅，如果是生客就更加顯得冒昧了。」

做人做事，都離不開與人打交道。在應酬的過程中，客套、寒暄是必不可少的。一些人把「客套」看作虛偽、庸俗的東西，加以排斥、抵制，結果在為人處世的過程中連連受挫，顯然對交際的基本禮儀缺乏中肯的認知。

客套是一種禮節，一句問候、一個眼神、一個手勢、一個點頭、一個微笑……都能帶給人尊重、關心，可以縮短心理距離、實現感情共鳴。到朋友家作客，對方要立即起身相迎，然後請你坐下，再給你沖上一杯茶，接著寒暄問候幾句。有了這些客套步驟，你才會獲得良好感覺，否則就有被冷落的感受，甚至引起猜忌。在這種融洽的氣氛中，對方求你辦事自會水到渠成。

（二）打招呼、問好增加親近感

見面打招呼、問好是人之常情，更是做好人際關係的基礎。特別是對初次見面的人來說，透過向對方問好可以增加親近感，拉近彼此的距離，這樣雙方有了融洽的關係，才能進一步溝通、合作。

一個人每天聽到的是親切的稱呼和問好，那他一整天都會感覺很快樂；如果別人對他總是板起面孔或者視而不見，那麼他心裡一定不會舒服。在與人交往的過程中，我們要主動和對方打招呼、問好，使自己成為一個受歡迎的人。

（三）顧全對方面子，是一種尊重

俗語說：「樹要皮，人要臉。」與人交往，求人辦事，我們經常會聽到這樣的話：「總要給點面子嘛！」「看在我的面子上……」中國人愛講面子，其中包含了「情義」的分量。做人，要給他人面子；做事，要掌握「面子」的學問。

在商業談判中，經濟利益固然是首要考慮因素，但是「面子」也發揮著不可忽視的作用。如果說達成交易維護的是商業利益，那麼實現預期的談判目標，獲得被尊重的感覺，則是在證實自身價值、維護自己的面子。在談判中，如果我們做出傷害對方顏面的事情，就會影響到他的心態、情緒。在這種情況下，即便談判條件優惠，對方也會失去興趣，氣量狹小的人甚至會伺機報復。

由此可見，「面子」心理在許多情況下會影響到人們的判斷、決策。做人做事的時候，顧全對方的面子，才能盡量減少不必要的誤會與矛盾，建立良好合作關係。

62. 說服別人的最好辦法，是避免爭辯

原文

分也者，有不分也；辯也者，有不辯也。曰：何也？聖人懷之，眾人辯之以相示也。故曰：辯也者，有不見也。

——《莊子．齊物論》

譯文

最高的真理是渾然為一體的，我們不可以用分解的方法去認知，也不可以用語言邏輯去辯識。為什麼這麼說呢？大道自在聖人心中，而一般人徒以言語辯論相展示。所以說，用言語辯論的人，還不認知那個渾然一體的「道」。

【人生感悟】

「道」不可言說，是因為「道」渾然一體，不可分割；大辯沉默不語，是因為看得全面，所以辯無可辯。

我們都很熟悉盲人摸象這個成語，它的來源是一個佛教故事。

在很久以前，有一位很有智慧的國王，名叫「鏡面」。在他的國家裡，除了他一人信奉佛法的真理之外，臣民們卻信仰那些旁門左道，就好像懷疑日月的光明，反而去相信螢火的微亮一樣。因此，這位國王常常感到很苦悶，他想：「我總得想出一個辦法來教育他們，使他們改邪歸正才好！」

有一天，國王突然召集他的臣子說：「你們去把國境內所有生下來就瞎了眼睛的人，找到宮裡來吧！」於是這些臣子們便奉命分頭在國內遍處找尋，隔了幾天，臣子們都帶著尋找到的瞎子回來了。鏡面王很高興地說：「好極了，你們再去牽一頭象，送到那些盲人那裡去吧！」許多臣民聽見了這個消息都十分奇怪，不知道國王今天將要做些什麼事，因此，大家都爭先恐後地趕來參觀。

鏡面王在心裡暗暗地歡喜：「真好，今天該是教育他們的機會了。」於是他便叫那些盲人去摸象的身體：有摸著象腳的，有摸著象尾的，有摸著象頭的……

國王便問他們：「你們看見了象沒有？」盲人們爭著說：「我們都看見了！」

國王又問：「那麼你們所看見的象是怎樣的呢？」

摸著象腳的盲人說：「王啊！象好像漆桶一樣。」

摸著象尾的說：「不，牠像掃帚！」

摸著象腹的說：「像鼓呀！」

摸著象背的說：「你們都錯了！牠像一個高高的茶几才對！」

摸著象耳的盲人爭著說：「像簸箕。」

摸著象頭的說：「誰說像簸箕？牠明明像一只笆斗（盛糧食的器物）呀！」

摸著象牙的盲人說：「王啊！象實在和角一樣，尖尖的。」

……

因為他們生來從沒有看見過象是什麼樣的動物，他們僅憑所摸到的而想當然，都錯了。但是他們還是各執一詞，在王的面前爭論不休。

於是，鏡面王哈哈大笑地說：「盲人呀，盲人！你們又何必爭論是非呢？你們僅僅看到了一點，就認為自己是對了嗎？唉！你們沒有看見過象的全身，自以為是得到了象的全貌，就好比沒有聽見過佛法的人，自以為獲得了真理一樣。」接著國王又問一般來參觀的人說：「臣民們啊！專門去相信那些瑣屑淺薄的邪論，而不去研究切實、整體的真理，和那些盲人摸象，有什麼兩樣呢？」

盲人摸象的道理，和莊子「聖人懷之，眾人辯之以相示也。故曰：辯也者，有不見也」的看法是一致的。一般人用自己的所見，否定別人的所見，正是因為他們看不到事物的全貌。這種爭論實在沒有意義。

莊子在《齊物論》中還記載了長梧子的一段言論，大意是：「倘使我和你展開辯論，你贏了，我輸了，那麼，你說的果真是真理，而我說的果真是瞎掰嗎？我贏了，你輸了，我說的果真是真理，而你說的果真是瞎掰嗎？難道能分出誰對誰錯嗎？難道我們兩人都是正確的，或都是不正確的嗎？你我都無從知道，而世人原本也都承受著蒙昧與晦暗，我們又能讓誰做出正確的裁定呢？讓同意你想法的人來判定嗎？既然看法跟你相同，怎麼能作出公正的評判呢！讓同意我想法的人來判定嗎？既然看法跟我相同，怎麼能做出公正的評判呢！讓觀點不同於我和你的人來判定嗎？既然看法不同於我和你，怎麼能做出公正的評判呢！讓觀點跟我和你都相同的人來判定嗎？既然看法跟我和你都相同，又怎麼能做出公正的評判呢！如此，就無法分出對與錯了。」

天下只有一種方法，能得到辯論的最大勝利，那就是盡量避免辯論。有這樣一個例子：數年前，有一個好爭辯的愛爾蘭人叫奧哈爾，沒有受過很好的教育，可是喜歡爭辯、挑剔別人，他做過司機，後來是汽車公司推銷員。他說推銷汽車時，常不願接受顧客的批評而發生口角。他說：「我聽了不服氣，教訓那傢伙幾句，他就不買我的東西了。」結果，自己沒有取得什麼成績。

後來，受人指點，盡量減少講話，並避免跟人爭論。現在奧哈爾已是一位成功的推銷員了。奧哈爾是如何做的？他說出自己的那一段經過：

「假如我現在走進人家的辦公室，對方如果這樣說：『什麼？你那汽車……那太差了，就算送給我，我也不會要的。我打算買卡車。』我聽他這樣說後，不但不反對，而且順著他的口氣說：『老兄，你說得不錯，卡車確實不錯。』」

聽奧哈爾這樣說，顧客就沒有話可以說了，要爭論也無從爭起。顧客說卡車如何好，奧哈爾毫不反對，顧客就不得不把話停住了……顧客總不會一直指著卡車，說是如何好，如何好。這樣，奧哈爾就找到一個機會，向顧客介紹自己車子的優點。

「如果在過去我遇到這種情形，我會覺得冒火，我會指某品牌汽車如何不好……我一說那家公司出品的汽車不好，對方就會指它如何好，爭辯越是激烈，就越使對方決心不買我的汽車。」奧哈爾說。

一場辯論的終了，十次中有九次，使那些辯論的人會更堅持他們的見解，相信他們是絕對正確，不會錯的。一個真正成功的推銷員，絕不會跟顧客爭辯，即使輕微的爭辯，也要加以避免。

林肯說：「一個成大事的人，不能處處和別人計較，消耗自己的時間去和人家爭論。無謂的爭論，對自己性情上不但有所損害，且會失去自己的自制力。在盡可能的情形下，不妨對人謙讓一點。與其跟一隻狗一路走，不如讓狗先走一步。如果被狗咬了一口，你即使把這隻狗打死，也不能治好你的傷口。」

所以，我們說，在辯論中，獲得最大利益的唯一方法，就是避免辯論。

63. 後發制人，要有備於先

原文

夫為劍者，示之以虛，開之以利，後之以發，先之以至。

——《莊子．說劍》

譯文

擊劍有技巧，即有意把弱點顯露給對方，再用有機可乘之處引誘對方，後於對手發起攻擊，卻搶先擊中對手。

【人生感悟】

《說劍》講莊子遊趙時，親身所遇到的事件。趙文王喜歡劍，整天與劍士為伍而不理朝政，莊子受趙太子之託前去說服趙王。

莊子說劍有三種：

一為庶人之劍。庶人之劍是那些匹夫勇者拿來好勇鬥狠用的，無非是你砍我的脖子，我捅你的肚子之類，跟鬥雞沒有什麼不同，一旦命盡氣絕，對於國事就什麼用處也沒有。

二為諸侯之劍。諸侯之劍比庶人之劍上升了一個層次，劍已不是一般意義上的劍。諸侯之劍，拿智勇之士做劍尖，拿清廉之士做劍刃，拿賢良之士做劍脊，拿忠誠聖明之士做劍環，拿豪傑之士做劍鋏。也就是說諸侯之劍把智勇、清廉、賢良、忠誠、聖明、豪傑，這些各種有用的人才，當作一把劍。這種劍一旦使用，就好像雷霆震撼四境之內，沒有不歸服而聽從國君號令的了。

三為天子之劍。天子之劍，拿燕谿的石城山做劍尖，拿齊國的泰山做劍刃，拿晉國和衛國做劍脊，拿周王畿和宋國做劍環，拿韓國和魏國做劍鋏；用中原以外的四夷來包紮，用四季來圍裹，用渤海來纏繞，用恆山來做繫帶；靠五行來統馭，靠刑律和德教來論斷；遵循陰陽的變化而進退，遵循春夏的時令而扶持，遵循秋冬的到來而肅殺。也就是說天子之劍是把全天下當作一把劍，這種劍一旦使用，可以匡正諸侯，使天下人全都歸服。

莊子實際上是用劍道比喻治國治事之道，委婉地指出趙文王的所為，不過是庶民之劍，而希望他能提升自己的價值。

劍亦有道，劍道的原理也是可以治國治事的。莊子以劍道論治國方略，含義是很有深度的，也是非常實際的。其原理原則並無時間、空間的限制。

比如莊子論劍說：「夫為劍者，示之以虛，開之以利，後之以發，先之以至。」這句話，含義很深刻。莊子認為，擊劍的要領，是先有意把弱點顯露給對方，引誘對方，後出手，而先擊中對手。這也就是我們平常所說的後發制人。

後發制人的作戰思想古已有之。西周佚兵書《軍志》就有「後人有待其衰」的說法。《孫子·軍爭》篇說「避其銳氣，擊其惰歸」。

後發制人要講求戰法。《唐太宗李衛公問對》中說：「後則用陰，先則用陽。盡敵陽節，盈吾陰節而奪之，此兵家陰陽之妙也。」意思是，後發制人要用潛力，先發制人則用銳氣，把敵人的銳氣挫損到最低限度，而把自己的潛力積蓄到最大程度去消滅敵人，這才是軍事家運用潛力和銳氣的奧妙之處。後發制人的表現形式多種多樣，如退避三舍，誘敵深入，在戰略退卻中，待敵疲憊，再反手一擊；堅壁持久，守而不出，迫敵久暴師於堅城之下，挫敵銳氣，待其衰竭，再一鼓作氣反擊；一面依託陣地組織堅守防禦，挫敵進攻鋒芒，不斷消耗敵人有生力量（指敵軍兵員及馬匹），待其攻擊力竭，一面投入預備力量，實施反擊，消滅敵人等等。

後發制人形式上是被動的，但具有積極主動的內容。一般來說，敵人在進行一次大規模的進攻中，起初階段組織得都比較嚴密，缺點和弱點不易暴露。隨著時間的推移，戰線拉長，敵我力量消長，敵人的許多弱點就會暴露出來，即使是聰明的將軍也會發生過失。我方先暗中積蓄力量，然後等待和尋求敵人的可乘之隙，這就是孫子說的「先為不可勝，以待敵之可勝」，也就是「後發」的用意。

後發制人的實例更是不勝枚舉。三國時期關羽大意失荊州就是一例。

赤壁之戰以後，東吳反覆要求劉備歸還荊州，但是有關羽把守，最終無計可施。荊州處於東吳上游，嚴重威脅到吳國的安全，所以孫權一心要佔有它。後來，關羽北上攻打樊城，給呂蒙奪取荊州提供了絕佳的機會。

呂蒙表面上對關羽修好，十分珍惜雙方的和平關係，暗地裡想辦法奪取荊州。於是，他上書孫權說，請求帶兵回到建業，然後以養病為名麻痹關羽。就這樣，孫權公開下詔徵呂蒙回建業養病，暗中跟他謀議襲取荊州的具體辦法。然後，呂蒙推薦陸遜代他把守陸口，這樣就不會引起關羽的猜忌。

陸遜到達陸口以後，採取「卑而驕之」的示弱策略，使關羽對東吳失去防備。他在寫給關羽的信中說，祝賀關羽在樊城取得的勝利，並表示東吳也很為之高興，接著對關羽大加讚頌，最後還自稱晚輩書生，才疏學淺，並指望將軍指教。關羽看完信，發現陸遜對自己既敬佩又謙卑，於是沒有了江東的憂慮。

不久，關羽就調後備兵到樊城。陸遜得到消息後，立即起兵準備佔領荊州。呂蒙帶領人馬到了潯陽，讓精兵藏在船裡，讓穿著白衣的士兵搖櫓，化裝成商人，晝夜兼程趕到關羽設立在江邊的烽火台旁，摧毀了關羽的報訊設施。就這樣，東吳佔領了荊州。

透過示弱取得成功，是一種反敗為勝的行動策略。在激烈競爭的社會中，我們會面對各個方面的競爭，在自己的實力不足時，可以透過示弱求得自保；當正面競爭難以成功時，可以透過示弱麻痹對方。

（一）巧妙安排自己的弱點，不能引起對方的猜忌。「示弱」就是隱藏自己的鋒芒，從而迷惑對方。但是在行動的過程中一定要注意手段的高妙，如果引起對方的猜忌那就得不償失了。

（二）注意為下一步的成功努力。「示弱」不是最終目的，而是一種手段和方式，我們的最終目標是取得成功。所以必須專注於取勝的後繼行動，使自己迎來光明的前景。

後發制人，不能只簡單地理解為「示弱」或「不打第一槍」。要在「後發」的被動形式中邁出主動的步伐，需要高度的預見力和牢牢把握事情發展趨勢的能動性。「後發」的行動是有計劃有目的的，是胸有成竹的，一切在掌握之中。而此時的放棄不是永久的喪失，而是為了更多的取得。

大手筆，寫文章的開頭，一定會想到高潮和結局；好舵手，因勢利導，一定要瞭解全部航程的線路曲直。所以，發於後，要想在前，備於先。如果抱著「車到山前必有路，船到岸邊自回頭」的想法來做事，絕不會從「後發」中找到勝利的希望。

64. 認錯比爭辯的效果更好

原文

見過不更，聞諫愈甚，謂之很。

——《莊子．漁父》

譯文

發現過錯不更改，聽了勸告犯的錯誤更多，稱作執拗。

【人生感悟】

「見過不更，聞諫愈甚，謂之很」，這裡的「很」通「狠」字，是固執、剛愎自用的意思。

莊子藉用漁父的話說，人有八種毛病、四種禍患，如果不去除掉，就不可教育。這個「很」是四種禍患之一。

莊子的意思是說，人不可能不犯錯誤，但犯了錯誤一定要改正。如果發現錯誤不能改正，而且在別人給你指出來後你更肆無忌憚，那就是執拗了。

明代思想家呂坤也說：「有過是一過，不肯認過，又是一過。一認過則兩過都免，一不認過則兩過不免。」（《呻吟語》）

中國有句古語：「知過能改，善莫大焉。」犯了錯誤而能改正，沒有比這更好的事情了。這句話源自一個歷史故事。據《左傳》記載，春秋時，晉靈公無道，濫殺無辜，臣下士季對他進諫。靈公當即表示：「我知過了，一定要改。」士季很高興地對他說：「人誰無過？過而能改，善莫大焉。」遺憾的是，晉靈公言而無信，殘暴依舊，最後終被臣下刺殺。歷史上確有能改過而終成大業的君主。楚莊王初登基時，日夜在宮中飲酒取樂，不理朝政。後來臣下用神鳥「三年不鳴，一鳴驚人」的故事啟發他，並以死勸諫，終於使他決心改正錯誤，認真處理朝政，立志圖強。楚國終於強大起來，楚莊王也位列「春秋五霸」之一。

人無完人，沒有人會不犯錯誤，有的人甚至還一錯再錯，既然錯誤是無法避免的，那麼可怕的不是錯誤本身，而是怕將錯就錯、知錯不改。

其實，如果能正確面對自己的弱點和錯誤，拿出足夠的勇氣去承認它、面對它、改正它，就能彌補錯誤所帶來的不良後果。

一個人有勇氣承認自己的錯誤，不僅可以消除罪惡感，而且有助於解決錯誤造成的後果，即使傻瓜也會為自己的錯誤辯護，但能承認自己錯誤的人更會獲得他人的尊重。比如，當你的小孩主動承認自己錯了時，你肯定會感動，暗自為孩子的坦誠和勇氣高興。同樣道理，當你在同事間，能主動承擔責任，承認錯誤時，你會發現，此時失去的是虛榮，得到的是同情和讚許。

所以，當我們犯了錯時，如果我們對自己誠實，就要迅速而坦誠地承認。這樣不但能產生驚人的效果，而且比為自己爭辯還好得多。如果你總是害怕向別人承認錯誤，那麼，你不妨試試下面的辦法：

（一）如果你在工作上出錯，應該立即向上司彙報，這樣雖然有可能被大罵一頓，可是在上司的心目中你將是一個誠實的人，將來會更加信任你，你所得到的將比你失去的多。

（二）如果你的錯必須向別人承認，與其找藉口逃避，不如勇於認錯，在別人還沒有來得及把你的錯到處宣揚之前，盡早對自己的行為負起責任。

（三）如果你的錯誤影響到其他同事的工作成績，無論同事們是否發現，都要趕在同事發現之前主動向其道歉、承認錯誤，不要自我辯護、推卸責任，否則只會令對方更加惱火。

人人都會犯錯誤，尤其是當你工作過量、精神不佳、壓力太沉重時，不小心犯錯是難免的事。如果我們在犯錯之後能正確地面對，便不算什麼大事情，甚至還會對你日後的升遷產生很大的幫助。

文經閣

文經閣圖書目錄

文經書海

29	孔子與弟子的故事	汪林	定價：190元
30	小毛病大改造	石向前	定價：220元
31	100個故事100個哲理	商金龍	定價：220元
32	李嘉誠致富9大忠告	王井豔	定價：220元
33	銷售的智慧	趙秀軍	定價：220元
34	你值多少錢？	朱彤	定價：220元
35	投資大師華倫巴菲特的智慧	隋曉明	定價：240元
36	電腦鉅子比爾蓋茲的智慧	隋曉明	定價：240元
37	世界十大股神	白亮明	定價：249元
38	智謀--中國歷代智庫全集	耿文國	定價：240元
39	有一種堅持叫自信	魏一龍	定價：200元
40	多大度量成多大事	魏一龍	定價：230元
41	黃埔精神--黃埔精神與現代企業管理	劉志軍	定價：200元
42	理財改變你的一生	喬飛雲	定價：240元
43	低調--有一種境界叫彎曲	石向前	定價：240元
44	如何找份好工作	耿文國	定價：240元
45	李嘉誠50年經商哲學	耿文國	定價：280元
46	破壞感情的45句蠢話	婷婷	定價：240元
47	赤壁之戰	張雲風	定價：299元
48	選擇放下，選擇一份淡定從容	秦漢唐	定價：210元
49	謝謝的力量	陶濤	定價：240元
50	日本人憑什麼	周興旺	定價：280元
51	一句話一輩子一生行	郭達豐	定價：210元
52	匯率戰爭	王暘	定價：280元
53	改變世界的一句話	張建鵬	定價：220元
54	哈佛校訓給大學生的24個啟示	郭亞維	定價：280元
55	台灣十大企業家創富傳奇	王擁軍	定價：280元
56	香港十大企業家創富傳奇	穆志濱柴娜	定價：280元
57	最神奇的經濟學定律	黃曉林黃夢溪	定價：280元
58	最神奇的心理學定律	黃薇	定價：320元
59	18歲前就該讀哈佛人生哲理	王愛民	定價：240元
60	魅力經濟學	強宏	定價：300元

61	世界與中國大趨勢	楊雲鵬	定價：420元
62	看故事學投資	聶小晴	定價：240元
63	精明的浙江人可怕的溫州人	田媛媛	定價：280元
64	賈伯斯的創新課，比爾蓋茲的成功課	朱娜喬麥	定價：380元
65	改變自己影響世界的一句話	楊雲鵬	定價：280元
66	西點軍校36菁英法則	楊雲鵬	定價：320元
67	劍橋倚天屠龍史	新垣平	定價：300元
68	王陽明的人生64個感悟	秦漢唐	定價：240元
69	華人首富李嘉誠致富心路	姜波	定價：270元
70	億萬富豪給子女的一生忠告	洛克菲勒等	定價：280元
71	天下潮商--東方猶太人財富傳奇	王擁軍	定價：280元
72	看懂世界金融	田媛媛	定價：280元
73	那些年我們曾熟悉的情詩情事	秦漢唐	定價：240元
74	簡明美國史	趙智	定價：420元
75	一本書讀懂日本史	王光波	定價：320元
76	比爾・蓋茲全傳	常少波	定價：320元
77	賈伯斯給年輕人的21個忠告	常少波	定價：320元
78	不會撒嬌，笨女人	王茜文	定價：280元
79	世界名人名言	黃河長	定價：240元
80	世界零售龍頭：沃爾瑪傳奇	姜文波	定價：300元
81	股市投資必勝客：巴菲特投資智慧	喬飛雲	定價：280元
82	馬雲與阿里巴巴之崛起	秦商書	定價：320元
83	小米之父一雷軍	秦商書	定價：320元
84	投資夢想 創兆未來：孫正義的創投人生	秦商書	定價：320元
85	簡明法國史	秦學虞	定價：300元
86	蘋果新世代 庫克王朝	常少波	定價：300元
87	假如給我三天光明：海倫凱勒自傳	海倫凱勒	定價：300元
88	從菜鳥到老鳥	胡剛	定價：250元
89	如何找份好工作	胡剛	定價：250元
90	如何做好工作上好班	胡剛	定價：260元
91	品味佛家智慧	蘇樹華	定價：300元

城市狼族

01	狼噬：強者的生存法則	麥道莫	定價：240元

02 狼魂：狼性的經營法則	麥道莫	定價：260元

典藏中國：

04-1史記的故事	秦漢唐	定價：250元
05 大話孫子兵法--中國第一智慧書	黃樸民	定價：249元
06 速讀二十四史--上下	汪高鑫李傳印	定價：720元
08 速讀資治通鑑	汪高鑫李傳印	定價：380元
09 速讀中國古代文學名著	汪龍麟主編	定價：450元
10 速讀世界文學名著	楊坤主編	定價：380元
12 心經心得	曾琦雲	定價：280元
13 淺讀《金剛經》	夏春芬	定價：210元
14 讀《三國演義》悟人生大智慧	王峰	定價：240元
18 厚黑學全集【貳】舌燦蓮花	李宗吾	定價：300元
19 論語的人生64個感悟	馮麗莎	定價：280元
20 老子的人生64個感悟	馮麗莎	定價：280元
21 讀墨學法家悟人生智慧	張永生	定價：220元
22 左傳的故事	秦漢唐	定價：240元
23 歷代經典絕句三百首	張曉清張笑吟	定價：260元
24 商用生活版《現代36計》	耿文國	定價：240元
25 禪話•禪音•禪心禪宗經典智慧故事全集	李偉楠	定價：280元
26 老子看破沒有說破的智慧	麥迪	定價：320元
27 莊子看破沒有說破的智慧	吳金衛	定價：320元
28 菜根譚看破沒有說破的智慧	吳金衛	定價：320元
29 孫子看破沒有說破的智慧	吳金衛	定價：320元
30 小沙彌說解《心經》	禾慧居士	定價：250元
31 每天讀點《道德經》	王福振	定價：320元
32 推背圖和燒餅歌裡的歷史	邢群麟	定價：360元
33 易經：現代生活的智慧	孫三寶	定價：280元
34 《傳習錄》白話本	姜波	定價：330元
35 《史記》故事導讀	姜波	定價：340元
36 《資治通鑑》故事導讀	姜波	定價：300元
37 厚黑學全集【參】厚黑心術	李宗吾	定價：300元
38 《碧巖錄》中的100大智慧	于水音	定價：280元
39 入骨相思知不知一醉倒在中國古代情詩裡	維小詞	定價：300元
40 厚黑學全集【肆】厚黑之道	李宗吾	定價：300元

41	一本書讀懂戰國史	秦漢唐	定價：420元
42	厚黑學全集【伍】厚黑妙法	李宗吾	定價：300元
43	讀諸子百家悟人生大智慧	秦漢唐	定價：320元
44	厚黑學全集【壹】絕處逢生--黃金增訂版	李宗吾	定價：320元

經典中的感悟

01	莊子的人生64個感悟	秦漢唐	定價：280元
02	孫子的人生64個感悟	秦漢唐	定價：280元
03	三國演義的人生64個感悟	秦漢唐	定價：280元
04	菜根譚的人生88個感悟	秦漢唐	定價：280元
05	心經的人生88個感悟	秦漢唐	定價：280元
06	易經的人生64個感悟	秦漢唐	定價：300元
07	道德經的人生64個感悟	秦漢唐	定價：300元
08	論語的人生64個感悟	秦漢唐	定價：300元
09	法家智慧的人生99感悟	秦漢唐	定價：300元

人物中國：

13	禪讓--中國歷史上的一種權力遊戲	張程	定價：240元
14	商賈豪俠胡雪巖（精裝）	秦漢唐	定價：169元
15	歷代后妃宮闈傳奇	秦漢唐	定價：260元
16	歷代后妃權力之爭	秦漢唐	定價：220元
17	大明叛降吳三桂	鳳娟	定價：220元
20	弘一大師李叔同的後半生-精裝	王湜華	定價：450元
21	末代皇帝溥儀與我	李淑賢口述	定價：280元
22	品關羽	東方誠明	定價：260元
23	明朝一哥王陽明	呂崢	定價：280元
24	季羨林的世紀人生	李琴	定價：260元
25	民國十大奇女子的美麗與哀愁	蕭素均	定價：260元
26	這個宰相不簡單--張居正	逸鳴	定價：260元
27	六世達賴喇嘛倉央嘉措的情與詩	任倬灝	定價：260元
28	曾國藩經世101智慧	吳金衛	定價：280元
29	魏晉原來是這麼瘋狂	姚勝祥	定價：280元
30	王陽明悟人生大智慧	秦漢唐	定價：280元

國家圖書館出版品預行編目資料

莊子的人生64個感悟 / 秦漢唐 作--
一版. -- 臺北市 :廣達文化, 2013.10
面 ; 公分. -- （文經閣）
ISBN 978-957-713-534-6(平裝)
1.莊子 2.研究考定 3.人生哲學

121.337　　102019040

書山有路勤為經
學海無涯苦作舟

莊子的人生64個感悟

作者：秦漢唐
文經閣
出版者：廣達文化事業有限公司
Quanta Association Cultural Enterprises Co. Ltd
編輯執行總監：秦漢唐
發行所：臺北市信義區中坡南路路 **287** 號 **4** 樓
電話：**27283588**　傳真：**27264126**
E-mail：**paolinan58@gmail.com**

印　刷：卡樂印刷排版公司
裝　訂：秉成裝訂有限公司

代理行銷：創智文化有限公司
23674 新北市土城區忠承路 89 號 6 樓
電話：02-2268-3489　傳真：02-2269-6560

CVS 代理：美璟文化有限公司
電話：02-27239968　傳真：27239668

一版一刷：2013 年 10 月
一版二刷：2019 年 09 月

定　價：280 元

書山有路勤為徑
學海無崖苦作舟

文經閣

書山有路勤為徑

學海無崖苦作舟

文經閣